하루 5분 국민 영어과외
김영철·타일러의
진짜 미국식 영어 1

하루 5분 국민 영어과외

김영철 · 타일러의

①

진짜 미국식

영어

김영철, 타일러 지음

위즈덤하우스

시작하며

이제 새해가 밝아오면 어김없이 또 다짐을 하게 되겠죠? '아, 영어 공부 시작해야겠다!!'

영어 때문에 스트레스 많이 받으시죠? 자칭 타칭(?) '영어 잘하는 개그맨'이라고는 하지만 저 역시 여전히 영어에 대한 스트레스를 받고 있는데요. 하지만 언제부터인가 영어를 '평생 함께 가야 할 친구'라고 생각하니 그 스트레스가 좀 덜해진 듯도 합니다.

1년여 전, SBS 〈김영철의 파워FM〉을 시작하면서 영어 코너 하나 하고 싶다고 생각했을 때 저를 비롯해 모든 스태프들이 만장일치로 "타일러!"를 외쳤고, 타일러도 너무나 선뜻 저희의 제안에 오케이를 해주었어요. 처음에는 타일러의 이름을 알린 프로그램을 본떠, 〈비정상 영어〉로 시작했지만, 코너를 진행하다 보니 제가 여전히 한국적 사고방식에 사로잡힌 '한국식 영어', 즉 '콩글리시'로 영어에 접근하고 있었다는 걸 알게 됐어요. 이래서는 안 되겠다 싶어, 자연스레 방향을 바꿔 그 유명한(?) 〈진짜 미국식 영어〉, 진·미·영이 탄생하게 되었습니다. 하하하.

매일 진짜 미국인 타일러에게, 현지인이 쓰는 진짜 미국식 표현을 배우니까 저 또한 영어가 날이 갈수록 늘고 있는 느낌이고요. 학원에서 배우지 못한 생생한 표현들을 타일러만의 화법으로 함께하니 그렇게 즐거울 수가 없어요. 참, 가끔 전 타일러에게 한국말도 배운답니다! 대신에 전 개인기를 가르쳐주고 있죠. Give and take는 정확해야 하니까요!

'하루 한 문장으로 영어가 늘겠어?'라고 생각하는 분들도 있겠지만

5분씩 매일 꾸준히 하다 보면, 꾸준함의 결과는 언젠가 따라오기 마련이랍니다! 더욱이 '그냥' 한 문장이 아닌 '진짜 미국식 표현 한 문장'이니까요! 전 아직도 매일 아침 6시 20분부터 40분까지, 20분 동안 전화영어를 하고 라디오를 진행한답니다. 매일, 그리고 꾸준히 해보세요.
그동안 방송을 놓치셨던 분들, 방송을 듣고 돌아서면 금세 배웠던 문장이 머릿속에서 사라져버린 분들, 듣는 것만으로는 어떤 단어인지 통 모르겠다 싶었던 분들… 그분들을 위해 〈진짜 미국식 영어〉를 책으로 엮게 되었습니다!

물론 책 한 권이 영어 실력을 단숨에 바꿔줄 수는 없겠지만, 한 단계 더 끌어올릴 수 있는 기회가 될 거라는 건 분명합니다! 영차영차 어기영차! 수줍기만 했던 영어가 더 당당해질 수 있는 절호의 찬스! 이제 이 책과 함께 웃음과 영어, 함께 잡아보세요.

끝으로 '타일러' 삼행시로 마무리하겠습니다. 전 개그맨이니까요.
타! 타일러와 함께하는 진미영.
일! 일단 한번 들어보세요.
러! 러시아어 아니에요. 진짜 미국식 영어랍니다.

"타일러, 우리 '진미영' 이 코너 오래오래 하자. 그래서 2탄도 만들자! 응?"

김영철

6

"언어는 학습만으로 배울 수 없다."

　영어책을 내는 사람이 할 말이냐고 의아해할 수도 있겠지만, 부정할 수 없는 사실입니다. 어떠한 언어든 입에서 씹히는 언어별 발음의 식감이 있고, 문화적 배경에서 우러나오는 표현의 풍미가 있습니다. 이 때문에 미국식 영어를 진심으로 배우고 싶어 하는 사람은 그만큼 미국적인 문화와 사고에 노출되어야 하죠. 미국식 영어가 어떤 뉘앙스로 한국적인 사고와 다른지를 느낄 수 있어야만 영어를 잘 배울 수 있고 잘 습득할 수 있습니다.

　한국어와는 너무나 다른 미국식 영어의 그 맛은 언제나 상황적인 맥락에서 발견할 수 있습니다. 그래서 저는 〈김영철의 파워FM〉의 영어 코너인 〈진짜 미국식 영어〉에서도 그렇고, 이 책에서도 그렇고, 최우선적으로 각 상황에 맞는 가장 미국적인 반응부터 고민하고, 그것에 해당되는 가장 미국적인 맛이 두드러진 표현만을 선정했습니다. 이 책의 표현들은 그만큼 미국 맛이 진하답니다.

　그동안 학교나 학원을 드나들면서 영어를 공부한 사람이 이 책의 진짜 미국식 영어를 보고 '이잉? 이게 뭐유?' 하면서 순간 놀라워할 수도 있지만, 그것이야말로 새로운 언어의 다른 맛이고, 바로 진짜 미국식 영어랍니다.

타일러 라쉬

하루 5분,
'진짜 네이티브'로 거듭나는 법

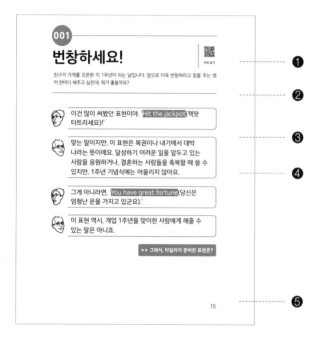

❶ QR코드를 찍으면 각 회에 해당하는 방송을 바로 들을 수 있습니다!

❷ 영어로 표현해야 하는 순간 꿀 먹은 벙어리가 되고 말았던 시간들은 이제 안녕!
진짜 미국식 영어가 절실하게 필요했던 상황들만 쏙쏙 골라 담았습니다!

❸ 김영철의 다양한 영어 표현 시도들을 보면서 머릿속으로 '나라면 뭐라고 얘기할까?' 생각해보세요!

❹ 김영철이 시도한 표현들이 현지인들에게는 왜 안 통하는지
타일러가 명쾌하게 짚어줍니다!

❺ 잠깐! 페이지를 넘기기 전에 다시 한 번 머릿속으로 진짜 미국식 표현은 무엇일지 생각해보세요!

⑥ 타일러가 알려주는 현지인들이 매일같이 쓰는 찰진 영어 표현! 사연 속 상황이 언제 우리에게 벌어질지 모르니 각 상황에 쓰이는 진짜 미국식 표현, 꼭 기억해두세요!

⑦ 핵심 단어, 핵심 표현, 외워두면 좋겠죠?

⑧ 정확한 표현보다 더 자연스러운 비유나 관용구, 미국인과의 대화에서 쓰지 말아야 할 단어, 문법에는 맞지 않지만 미국인들이 많이 쓰는 생략법, SNS에 어울리는 표현, 줄임말, 느낌이 달라지는 한 끗 차이 억양까지, 각 회마다 타일러가 전해주는 Tip만 익혀도 더 이상 원어민이 두렵지 않습니다!

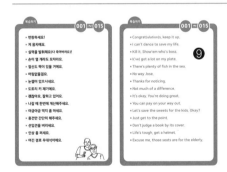

⑨ 15회마다 복습하기 페이지가 있으니 잊지 말고 머리에 꼭꼭 담아두세요!

※ 위즈덤하우스 홈페이지에서 MP3 파일을 무료로 다운받을 수 있습니다!
www.wisdomhouse.co.kr (다운로드>도서 자료실)

하루 5분 진짜 미국식 영어를 배우는 시간,
지금부터 시작해볼까요?

차례

001

번창하세요!

바로 듣기

친구가 가게를 오픈한 지 1주년이 되는 날입니다. 앞으로 더욱 번창하라고 힘을 주는 영어 한마디 해주고 싶은데, 뭐가 좋을까요?

이건 많이 써봤던 표현이야. 'Hit the jackpot(잭팟 터트리세요)!'

맞는 말이지만, 이 표현은 복권이나 내기에서 대박 나라는 뜻이에요. 달성하기 어려운 일을 앞두고 있는 사람을 응원하거나, 결혼하는 사람들을 축복할 때 쓸 수 있지만, 1주년 기념식에는 어울리지 않아요.

그게 아니라면, 'You have great fortune(당신은 엄청난 운을 가지고 있군요).'

이 표현 역시, 개업 1주년을 맞이한 사람에게 해줄 수 있는 말은 아니죠.

▶▶ 그래서, 타일러가 준비한 표현은?

15

001

Congrat(ulation)s, keep it up.

---

* 해석   축하합니다, 잘하고 있어요(지금껏 잘해왔으니, 앞으로도 잘하라는 의미).

Check!

* Congratulations 축하합니다
* Keep it up 잘하고 있어요

타일러 Tip

'Keep it up' 대신, 'Keep up the good work'도 쓸 수 있어요.
하고 있는 일, 지금처럼 계속 쭉쭉 잘해나가라는 의미예요.
다른 사람에게 축하할 일이 생기면, 미국인들은 그 모습을 보고
'네가 기뻐서, 나도 기쁘다'라는 의미로 해주는 축하 표현이
있습니다. 'I'm happy for you.' 당신에게 그렇게 좋은 일이
생겨서, 또 축하할 일이 생겨서 나도 기쁘다는 의미인 거죠.

저 몸치예요.

바로 듣기

'몸치'라서 춤추는 걸 정말 싫어하는데 장기 자랑을 하면 자꾸 춤을 춰보라고 해요. 외국인 동료에게 내가 몸치란 걸 어떻게 설명해주면 좋을까요?

 이 표현은 영어학원 다닐 때 외웠던 거야. 'dance'가 들어갈 것 같지만, 아니더라고. 'I have two left feet(난 왼발이 두 개야).' 어때?

 틀린 말은 아니지만, 이런 관용구는 할머니나 할아버지들이 주로 쓰는 표현이에요. 젊은 미국인들은 관용구를 잘 안 쓰죠. 쉽고, 간단하게, 있는 그대로 표현하는 걸 좋아합니다.

▶▶ 그래서, 타일러가 준비한 표현은?

17

I can't dance to save my life.

---

* 해석 생사가 걸렸다고 해도, 나는 춤을 출 수 없어.

Check!

* I can't dance 나는 춤을 출 수 없다
* To save my life 인생을 구한다고 해도, 생사가 걸렸다고 해도

타일러 Tip

이 표현은 몸치를 설명할 때 말고도 다양하게 응용할 수 있어요. 예를 들면 'I can't sing, to save my life(나 음치야)', 'I can't do math, to save my life(나 수학 진짜 못해)'와 같이 쓸 수 있어요.

003

실력을 발휘해요 (다 죽여버려요)!

바로 듣기

대학수학능력시험을 보러 가는 딸에게, 주눅 들지 말고 실력을 발휘하고 오라고 파이팅 넘치는 응원을 해주고 싶어요. 이왕이면 영어로 해서 딸아이 긴장을 좀 풀어주고 싶어요.

 이 말은 어떨까? 'Show off your ability(너의 능력을 보여줘).'

 음……. 전혀 쓰지 않는 표현이에요.

 그럼, 간단히! 최선을 다하라는 의미로, 'Do your best!'

 훨씬 좋아요. 한국적인 격려와 응원의 표현이죠. 그런데 경쟁을 해야 하는 수능처럼 경쟁 상대를 제치고 이겨야 하는 게 미국문화예요. 그래서 스포츠 선수들이 경기에 나가기 전 자신에게 그리고 같은 팀 동료에게 외치는 말이 있습니다.

▶▶ 그래서, 타일러가 준비한 표현은?

19

Kill it.
Show'em who's boss.

* **해석**   죽여버려. 그들에게 누가 우위에 있는지 보여줘!

Check!

* Kill it 죽여버려
* Show'em 그들에게 보여줘
* Who's boss 누가 더 큰 힘을 갖고 있는지, 누가 우위에 있는지

타일러 Tip

'show them'은 'show'em'으로 줄일 수 있고,
[ʃoʊəm(쇼우음)]으로 발음하면 됩니다. 줄임말을 쓰면, 'show'
뒤에 'them'이 오든 'him'이 오든, 묶어서 발음하기 좋아요.

004

손이 열 개라도
모자라요.

바로 듣기

제 일만 해도 넘쳐나는데, 자꾸 속도가 느린 후배들 일까지 상사가 저에게 몰아주네요. 이럴 때, 나도 손이 열 개라도 모자랄 정도로 바쁘다며 거절하고 싶은데, 영어에도 이런 표현이 있나요?

음……. 우선, 손이 열 개니까, 'Ten fingers' 들어갑니까?

No~!! 적재적소에 맞는 표현을 생각해보세요.

그럼 간단히 'I'm too busy(나 너무 바빠)!!'

좋아요. 맞는 표현이지만, 너무 칼같이 거절하는 느낌이에요. 'busy'를 쓰려면 'I'm really busy'를 쓰는 게 좀 더 적절한 표현이고, 일감을 몰아주려는 상사에게 정중히 거절해야 하니까, 이럴 땐 관용구를 쓰는 게 더 좋습니다.

▶▶ 그래서, 타일러가 준비한 표현은?

004

I('ve) got a lot on my plate.

---

* **해석**   내 그릇에 너무 많이 담겼어요.

Check!

* A lot **많이, 매우**
* On my plate **내 그릇에**

타일러
Tip

오늘 표현과 함께, 손이 열 개라도 모자랄 정도로 바쁠 때 자주
쓰는 표현이 또 있어요. 'I'm up to my neck in work(일이 내
목까지 차 있어요).' 함께 기억해두세요.

짚신도 짝이
있을 거예요.

바로 듣기

새해가 됐는데도, 여전히 연애도 못하고, 애인이 없어 외로워하는 친구에게 우린 가끔 '짚신도 짝이 있을 거야'라고 위로해주잖아요. 너에게 딱 맞는 사람이 어딘가 있을 거라고, 멋지게 영어로 위로해주고 싶네요.

나도 외로울 때가 많아서, 영어 공부할 때 외웠던 표현이야. 'Every Jack has his Jill(모든 '잭'에겐 그의 '질'이 있어).'

음……. 맞는 표현이고 쓸 수 있는 말이지만, 외로워하는 상대가 여자라면 조금 어울리지 않겠죠?

그럼, 'Every Jill has her Jack?'

상황에 따라 바꾸기 힘들죠? 이럴 때, 간단하게 할 수 있는 표현이 있습니다.

▶▶ **그래서, 타일러가 준비한 표현은?**

005

There's plenty of fish in the sea.

* **해석**　바닷속에는 물고기가 충분해.

Check!

* Plenty 풍부한 양의, ~하기에 충분한
* In the sea 바닷속

타일러 Tip

이런 관용구가 싫다면, 그대로 직역해서 표현해도 됩니다. 'You just haven't found the right person yet(넌 아직 너에게 맞는 사람을 찾지 못했을 뿐이야.)'

006

어림없을걸요.

바로 듣기

연초라 회사 행사가 많은데 이런저런 핑계를 대고 빠지는 외국인 후배가 있어요. 사장님까지 참석하는 신년회까지 빠지려고 해서, 이번에는 어림없다고 말해주고 싶어요. 단, 너무 강압적이진 않게 말이죠!!

영어권에서는 회식에 반드시 참석하도록 강요하지 않잖아. 영어에 없는 표현일 것 같은데, 이거 어때? 'No way(절대 안 돼)!'

잘하셨어요. 쓸 수 있는 표현이지만, 강압적인 느낌이 들어요. 강하게 말하면 분위기가 나빠질 수 있으니, 재미있는 억양이나 느낌이 들어간 표현이면 좋겠죠.

▶▶ 그래서, 타일러가 준비한 표현은?

006

No way Jose.

* **해석**   (호제는 라임을 맞추기 위한 거라, 뜻은 없음) 어떻게 그럴 수 있지?

Check!

* No way 절대 안 돼, 그건 방법이 아니야.
* Jose 호제. 라임을 맞추기 위해 붙인 스페인어 이름.

타일러 Tip

미국에선 라임을 맞추기 위해 뜻은 없지만 장난스럽게 단어를 붙이는 경우가 종종 있어요. 오늘 배운, 'Jose(호제)'가 딱 그런 경우죠. 이 표현만 쓰기에 너무 어색한 것 같고, 장난스러워 보인다면 'No way Jose' 뒤에 'I don't think so', 'Not so fast'를 붙여서 쓸 수도 있어요.

007

눈썰미 있으시네요.

바로 듣기

예전에 한번 갔던 식당을 오랜만에 또 가게 됐는데 식당 사장님이 저를 기억하고 계시더라고요. 반갑고 고마워서, '눈썰미 있으시네요'라고 아는 척을 했는데, 혹시 눈썰미 있다는 말을 영어로도 표현할 수 있을까요?

눈썰미라는 단어는 영어에 없을 것 같고, 'You have a sense(너 센스 있다)'라고 칭찬하면 안 될까?

상황을 잘 파악한다는 말인지, 오감 중에 감각이 하나밖에 없다고 지적하는 말인지 잘 모르겠어요. 'sense'라는 단어를 써서 칭찬해주고 싶으면, 구체적으로 어떤 것에 대한 센스인지를 말해줘야 돼요. 예를 들어 옷을 잘 고르는 센스가 있는 사람이면, 'You have a good sense for fashion(너는 패션 센스가 있다)'이라고 해야겠죠.

오늘 표현은 정말 모르겠어. 분하지만⋯⋯. 기권!!

눈썰미가 뛰어난 형이 오늘 표현을 잘 모르겠다니 놀랍네요. 다양한 표현이 있는데 가장 잘 맞는 표현 하나만 말씀드릴게요!!

▶▶ 그래서, 타일러가 준비한 표현은?

27

007

Thanks for noticing.

---

* **해석**   알아봐줘서 고마워요(나를 기억해줘서 고마운 거니까, 고마움을 먼저 표현하는 게 좋아요).

Check!

* Thanks for~ ~에 대해 고마워
* Noticing 주목, 알아차림(notice '알아차리다, 주목하다'의
  명사형).

**타일러
Tip**

'눈썰미'라는 정확한 단어가 영어에는 없기 때문에 상황에 따라
다양한 감사의 표현들을 더 추가해주면 좋아요.
- Oh, you remember.
- You're sharp.
- Someone's got a good memory.
- Why, thank you.

008

도토리 키 재기예요.

바로 듣기

친구 둘이서 서로 '내가 크다', '아니다, 내가 좀 더 크다'며 다투는데 제가 봤을 땐 둘 다 고만고만하거든요. 이럴 때, '도토리 키 재기'라고 하잖아요. 영어에도 그런 표현이 있나요?

영어에 '도토리 키 재기'라는 표현이 있어?

똑같은 표현은 없는 것 같아요.

같은 의미로 '거기서 거기', '오십 보 백 보', 이런 말도 있잖아. 'Half and half.' 둘이 딱 반반이라고 하면 안 될까?

네? 설마 커피 주문하는 거 아니죠? 우유와 크림을 반반 섞어달라고 할 때 쓰는 표현이에요. 오늘 상황에서는 쓰면 안 돼요.

▶▶ **그래서, 타일러가 준비한 표현은?**

008

Not much of a difference.

* **해석**   차이가 없네, 대단한 차이가 아니야.

Check!

* Not much of 대단한 ~이 아닌
* Difference 차이, 다름

타일러 Tip

오늘 표현을 보면 동사가 빠져 있죠? 요즘 미국에서는 당사자들이
인정하기 싫은 부분을 제3자가 이야기할 때 문법에 안 맞더라도
생략법을 쓰기도 해요. 신기하죠? 오늘 표현 역시 제3자가 '그까짓
차이로 왜 그래?'라고 말하는 상황이니까 생략법을 쓰는 것도
좋아요. 대신, 매우 하찮다는 톤으로 말해줘야 해요.
오늘의 표현과 비슷한 표현들이에요.

- It's really not that big of deal, guys.
- No need to make something out of nothing.
- Y'all look the same to me.

참고로, 'Y'all'은 'You all'의 줄임말이고, 미국 드라마에서 자주
사용하는 'You guys'와 같은 말이에요!

30

009

괜찮아요,
잘하고 있어요.

바로 듣기

함께 일하는 원어민 선생님이 있는데, 한국어를 모르니 의사소통이 안 되고 실수가 잦아요. 그럴 때마다 본인 탓을 너무 하는 것 같아서 위로 좀 해주고 싶어요. '괜찮아요, 잘하고 있어요.' 따뜻한 엄마 톤으로 격려해주고 싶어요.

나라면 이렇게 해줄 것 같아. 'Don't worry, it's alright. Good job.'

다 맞아요. 모두 할 수 있는 말이에요. 좋은 시도였어요.

그럼 오늘, 방송 최초로 팡파르 울려주는 거야?

그건 아니죠. 여기서 'Good job'을 쓰는 건, '방금, 금방' 한 일을 잘했다고 칭찬하는 느낌이라, 쭉~ 잘해오고 있다는 현재진행형이 되어야겠죠.

▶▶ 그래서, 타일러가 준비한 표현은?

31

It's okay.
You're doing great.

---

* **해석** 괜찮아, 잘하고 있어(위로를 먼저 해주는 게 필요함).

Check!

* It's okay 좋아, 괜찮아.
* You're doing great 훌륭하게 잘하고 있어.

타일러 Tip

'good job'을 꼭 쓰고 싶으면, 현재진행형을 이용해서,
'You're doing a good job'이라고 하면 됩니다.

010

나갈 때
한번에 계산해주세요.

바로 듣기

식당을 운영하고 있는데요. 외국인 손님들이 먹는 도중 음식을 추가로 시키더니 그 자리에서 바로 계산을 하려고 하더라고요. 저희 가게는 나갈 때 한번에 계산하면 되는데…….
이럴 땐, 뭐라고 설명해주면 좋을까요?

식당마다 다르긴 한데, 한국에선 보통 나갈 때, 출입문 앞에서 계산을 하잖아. 'You should pay at once(한 번에 계산해야 돼)'라고 말하면 되지 않을까?

틀린 표현은 아니지만, 뉘앙스가 안 맞아요. 'You should pay at once'를 썼다는 건, '한꺼번에 계산하셔야 됩니다! 왜 몰랐어요? 남들은 다 아는데?' 이런 느낌으로 어딘가 강압적이고, 그것도 모르냐고 핀잔을 주는 것 같아요.

▶▶ 그래서, 타일러가 준비한 표현은?

33

010

You can pay on your way out.

* **해석**   나가는 길에 계산할 수 있어요.

Check!

* You can pay **넌 계산할 수 있다**
* On your way out **나가는 길에**

**타일러
Tip**

외국인에게는 자리에 앉아서 계산하지 않고, 다 먹고 나가는 길에 출입문 앞에서 계산하는 한국의 식당 문화가 익숙하지 않아요. 헷갈릴 수 있기 때문에 길게 설명하기보다는 오늘 표현처럼 '나가는 길에 한번에 계산하라'고 말하는 게 좋아요. 비슷한 표현으로 'You can pay at the door when you're done(식사가 끝나면 문 앞에서 계산하면 돼요)'를 써도 좋아요.

011

야금야금
먹지 좀 마세요.

아이들이 쪽지시험을 잘 보면 칭찬 선물로 초콜릿을 주는데요. 옆자리 원어민 선생님이
제 초콜릿을 야금야금 몰래 먹어요. 한마디 해주고 싶은데, 기분 나빠하면 어쩌죠?

 타일러! 영어에도 '야금야금' 같은 의태어나 의성어가
있어?

 음, 거의 없어요. 잘 안 쓰는 편이죠.

 그럼, 'Do not eat slowwwwwwly slowwwwwwly?'

 하하. 개그죠? 아예 말이 안 되는 표현이에요. 그리고
'Don't'를 'Do not'으로 풀어서 명령하듯 말하니 너무
공격적으로 느껴져요.

▶▶ 그래서, 타일러가 준비한 표현은?

011

Let's save the sweets for the kids. Okay?

* **해석**   아이들을 위해 사탕을 남겨두자, 알겠지?(타이르듯이 말을 해야 하고, '~하지마'보다는, '~하자'의 의미가 되어야 상대의 기분이 덜 상해요)

Check!

* **Let's save** 아껴두자
* **Sweets** 사탕, 달달한 것들
* **For the kids** 아이들을 위해

타일러 Tip

어떤 일을 지시할 때 'Don't(하지마)'로 시작하는 대신에 'Let's(하자)'로 바꿔서 표현하면 좀 더 예의바르고 정중해 보이겠죠.

- Don't run(뛰지 마) → Let's walk(걷자)
- Don't run in the hall(복도에서 뛰지 마)
→ Let's not run in the hall(복도에서 뛰지 말자)

36

012

용건만
간단히 해주세요.

바로 듣기

다급하게 처리할 일들이 너무 많은데 자꾸 말을 거는 거래처 사장님께 용건만 간단히 해 달라고 말하고 싶어요. 기분 안 나쁘게 말하려면, 어떤 표현을 써야 할까요? 물론, 영어로 요! 다음에 외국인 직원한테도 써먹게요.

 용건만 간단히 하라는 거, 내가 많이 들었던 말이라 알 것 같아. 'What is your main topic?'

 잘했어요. 정답에 매우 가까워요.

 그럼, 'What are you talking about?(무슨 말이에요?)' 이건?

 엇……. 좀 멀어졌네요. '무슨 말이에요?'라고 하는 건 상대방의 말을 도저히 이해하지 못하겠다는, 조금은 공격적인 표현이죠. 그래서 처음 시도한 'What is your main topic?'이 좀 더 정답에 가까워요.

 그럼 마지막으로, 'Please, focus.'

 그건 집중하라는 거죠.

▶▶ 그래서, 타일러가 준비한 표현은?

Just get to the point.

* **해석** 요점만 딱 말하자(최대한 이야기는 다 들어주는데 요점이 안 나올 때 마지막 카드로 쓰는 말. 상당히 답답할 때 쓰는 표현임).

Check!

* Just 그저, 딱
* Get to~ ~에 이르다
* The point 요점

타일러 Tip

용건이 뭐냐고 물을 땐, 'point'를 사용하는 게 가장 좋아요.
비슷한 표현으로, 'What's the point?', 'Okay, so, what's your point?', 'What do you really want to say?'로 시작하면 덜 공격적으로 들려요!

선입견을 버리세요.

바로 듣기

제가 좀 통통합니다. 많이 먹게 생겼어요. 그래서 회식 때마다 음식을 제 앞으로 밀어주시는데요. 통통하다고 많이 먹는다는 선입견 좀 버려달라고 외국인 상사한테도 말하고 싶은데……. 어떻게 말하면 좋을까요?

'You don't need to make a stereotype(선입견 가질 필요 없어요).'

말은 되지만, 좀 딱딱하고 무거운 표현이에요.
'선입견'이나 '편견'이라는 단어가 나오면 갑자기 토론을 시작해야 할 것 같은 느낌이 드니까 조금 더 풀어서 표현해보세요.

'You don't need to make a fix idea(고정된 생각을 만들지 마세요).'

이건, 문법적으로 틀린 표현이고요. 'make a fixed idea'라고 말하려고 한 거죠? 선입견이란 단어를 'fixed idea'로 잘 풀었지만, 이 표현은 어떻게 해도 무겁게 들리겠네요. 이럴 때는 비유적으로 말하거나 관용구를 빌려 쓰는 게 좋아요.

▶▶ 그래서, 타일러가 준비한 표현은?

Don't judge a book by its cover.

---

* **해석**　표지만으로 책을 판단하지 마세요.

Check!

* Don't judge **판단하지 마**
* By its cover **표지만으로**

타일러 Tip

다인종, 다문화 사회인 미국에서는 '다양성'이 민감한 주제가 되기도 해요. 이 때문에 'stereotype(선입견)', 'prejudice(편견)'라는 단어 자체가 무겁게 여겨지고, 입에 올리면 분위기를 딱딱하게 만들 수 있답니다. 이런 단어를 쓰려면, 적재적소에 쓸 수 있도록 조심해야 하고요. 차라리 누가 말을 해도 불편하게 들리지 않는 비유나 관용구를 사용하는 게 가장 좋습니다.

014

인상 좀 펴세요.

바로 듣기

회사 행사가 있을 때마다, 하기 싫은 티를 너무 내는 외국인 동료가 있어요. 이해는 되지만 무난한 사회생활을 원한다면 인상 좀 펴라고 충고해주고 싶은데, 오버하는 건 아니겠죠? 표현 좀 알려주세요.

'인상'이란 뜻의 단어는 솔직히 모르겠고, 인상을 쓴다는 것은 화를 내는 거니까 'Do not make angry(화내지 마)'라고 하면 어떨까?

'Do not'을 또 쓰셨네요. 'Don't' 대신 'Do not'이라고 하면 혼내는 말투거든요. 'Don't'를 굳이 쓰려면 'Don't be so angry'라고 하고요. 근데 이 표현도 지시나 명령의 뉘앙스예요. 하기 싫어도 해야 하는 이 상황에 대해 말하려고 해보세요. '그게 인생이야!', '그게 사회생활이니까 싫어도 얼굴에 철판 깔아야지.' 미국 사람들은 명령을 하는 대신 상대방의 상황에 대해 농담을 건네거나 재미있게 놀리는 걸 좋아해요. 자 그럼, 다시 한 번 상황을 떠올려보고, 기분 좋게 놀려보면 어떨까요?

▶▶ 그래서, 타일러가 준비한 표현은?

Life's tough, get a helmet.

* **해석** 인생은 힘드니까 헬멧을 써봐(어차피 인생은 힘든 거니까, 헬멧을 쓰고 각오를 하라는 의미. 딱딱하지 않고 가볍게 해줄 수 있는 농담 같은 충고).

Check!

* Life's tough 인생은 힘들어
* Get a helmet 헬멧을 써

타일러 Tip

영어엔 '인상'이란 말이 없으니까, 인상을 쓰게 되는 상황을 풀어서 적합한 표현을 찾아야겠죠. 그래서 '힘내', '화내지 말고 버텨봐'라는 의미로 'Chin up'이라고 하기도 하고, 'Come on'이라고도 해요. 많이 들어봤죠. 어떤 의견을 피력할 때, '그게 아니지, 이쪽 의견으로 넘어와'라는 식으로 쓰는 표현이 'Come on'이에요. 가볍게 대화할 때 자주 쓰는 말인데 상대방이 정말로 화난 상태면 말투에 주의해야겠죠.

여긴 경로 우대석이에요.

바로 듣기

지하철을 타고 가는데, 외국인 관광객들이 경로 우대석에 앉아 수다를 떨고 있더라고요. 잘 몰라서 그런 것이려니 생각하고 경로 우대석이란 걸 알려주고 싶었는데, 영어가 안 되니 그냥 뚫어지게 쳐다보며 눈치만 줬네요. 도와주세요!

한국에는 경로 우대 사상으로 존칭이 있잖아. 지하철에도 경로 우대석이 있고. 타일러가 보기엔 어때?

좋은 것 같아요. 영어권에도 예전에는 경로 우대석이 있었는데, 사람들이 신경을 안 쓰니까 없어진 걸로 알고 있어요.

오늘 표현은 나도 한 번도 써보진 않았는데, 이렇게 해보는 건 어떨까? 'Hey, it's for grandmother and grandfather.'

누구의 할머니이고 할아버지인지 뜻이 명확하지 않아서 '나의 할머니, 할아버지 자리'라고 오해할 수 있어요. 왜냐면 미국에서는 남에게 가족이나 친척 호칭을 쓰지 않기 때문이에요.

▶▶ 그래서, 타일러가 준비한 표현은?

Excuse me, those seats are for the elderly.

＊ 해석　　실례지만 여긴 어르신들을 위한 자리예요.

Check!

* Excuse me 실례합니다
* Those seats are 이 자리들은
* For the elderly 어르신들을 위한(elderly 연세가 드신, 어르신)

타일러 Tip

'Excuse me'를 쓰지 않으면, 상대방에게 화를 내거나 손가락질 하고 있다는 느낌을 줄 수 있어요. 말도 부드럽게 해야겠죠. 그래서 양해를 구할 때는 항상 'Excuse me~'로 시작해야 합니다.

- 번창하세요!

- 저 몸치예요.

- 실력을 발휘해요(다 죽여버려요)!

- 손이 열 개라도 모자라요.

- 짚신도 짝이 있을 거예요.

- 어림없을걸요.

- 눈썰미 있으시네요.

- 도토리 키 재기예요.

- 괜찮아요, 잘하고 있어요.

- 나갈 때 한번에 계산해주세요.

- 야금야금 먹지 좀 마세요.

- 용건만 간단히 해주세요.

- 선입견을 버리세요.

- 인상 좀 펴세요.

- 여긴 경로 우대석이에요.

- Congrat(ulation)s, keep it up.

- I can't dance to save my life.

- Kill it. Show'em who's boss.

- I('ve) got a lot on my plate.

- There's plenty of fish in the sea.

- No way Jose.

- Thanks for noticing.

- Not much of a difference.

- It's okay. You're doing great.

- You can pay on your way out.

- Let's save the sweets for the kids. Okay?

- Just get to the point.

- Don't judge a book by its cover.

- Life's tough, get a helmet.

- Excuse me, those seats are for the elderly.

016

설치지 좀 마세요.

바로 듣기

학원 수업 중에 아는 체를 너무 해서 수업 진행을 방해하는 사람이 있어요. 제발 좀 그만 설치라고 말해주고 싶은데, 소심해서 대놓고 말은 못하겠고 SNS에라도 한마디 올려두고 싶어요. 설치지 좀 마세요!

 설친다는 게 무슨 뜻일지를 먼저 생각해야 할 것 같은데. 내가 많이 들어본 말이야. 'Don't exaggerate(과장하지 마).' 이건 어때?

 음…… 과장하는 것과 잘난 척하며 설치는 건 다르지 않나요?

 그럼, 'Stop it. Don't do that(하지 마, 그렇게 하지 마).'

 이게 좀 더 정답에 가까워요! 상대방이 더 이상 그런 행동을 안 했으면 하는 거니까 그만해달라고 해야죠. 'Stop it'도 좋고요. 'Don't do that'도 좋았어요. 그런데 뭘 그만해야 되는지가 없어요. 상대방이 뭘 그만하라는 건지 모르면 당황스러울 수 있겠죠?

▶▶ 그래서, 타일러가 준비한 표현은?

47

016

Stop being THAT kid.

---

* **해석**　애처럼 굴지 마세요.

Check!

* Stop 하지 마
* That kid 아이처럼(애 같아서 짜증 나는 사람에 대해서 쓰는 표현)

타일러 Tip

오늘 표현은 SNS에 올려두고 싶다고 했는데, SNS에 올릴 땐 'That'이라고 이탤릭체로 강조해주는 게 좋아요. 이탤릭체가 없으면 'THAT'이라고 대문자로 쓰는 것도 괜찮습니다. '설치지 좀 마, 나대지 마'의 의미로 비슷하게 쓸 수 있는 다양한 표현들이 좀 더 있어요. 알아두면 좋겠죠?

- Stop it.
- Stop messing around.
- Quit messing around.

017

제 마음이
콩밭에 가 있었네요.

바로 듣기

제가 집중력이 부족해서 은행에서 새 상품에 대해 설명을 듣는데 그만 딴생각을 하고 말았어요. 너무 미안해서, 마음이 콩밭에 가 있었다고 사과했는데 그 와중에도 콩밭에 가 있다는 건 영어로 어떻게 하면 좋을지 또 딴생각을 했어요.

 콩밭이니까, 'bean yard'가 들어가지 않을까?
'I'm thinking my mind is bean yard.'

 네? 문법이 안 맞는 거 아시죠? 'bean yard'는 아예 안 들어가요. 생각이 다른 데 가 있다는 걸 표현하고 싶은 건데, 달리 생각해보면 내 마음에 다른 생각이 들어와 있다고도 할 수 있지 않을까요?

▶▶ 그래서, 타일러가 준비한 표현은?

49

017

I have something on my mind.

* **해석**　내 마음에 다른 생각이 있어요.

Check!

* I have something 나는 뭔가를 가지고 있다
* On my mind 내 마음에

타일러
Tip

오늘 표현을 쓸 때 'Sorry'를 먼저 붙이는 게 제일 좋아요. 딴 생각을 하고 있느라 상대방의 말을 못 듣고 있었던 거니까요. 비슷한 표현으로 'have' 자리에 'have got'을 써서 'I've got something on my mind'도 쓸 수 있어요. 미국에서는 사람이 뭔가를 갖고 있거나 해야 할 때, 가끔 'have'에다 'got'을 붙여서 쓰기도 한답니다.

018

헛수고했네요.

바로 듣기

블로그에서 본 맛집을 일부러 찾아갔는데 정기 휴일이더라고요. 근데 저처럼 휴일인지 모르고 찾아온 외국인 관광객이 또 있었어요. 헛수고했다고 말해주고 싶었는데 제가 할 수 있는 영어라곤 'You must come back home!'뿐이었네요. 저 좀 도와주세요!

 오늘 표현은 알 것 같아, 바로 시도해볼게. 'Oh, waste your time(시간을 낭비했네).'

 'waste of time'이겠죠? 물론 그것도 좋은 표현인데 상황에 따라 안 맞을 수도 있어요.

▶▶ 그래서, 타일러가 준비한 표현은?

All that for nothing.

---

* **해석** 그 모든 건, 아무것도 아닌 걸 위한 거였어(즉, 헛수고했다는 표현).

Check!

* All that 그 모든 것
* For nothing 아무것도 아닌 것을 위한

타일러 Tip

오늘 표현은 헛수고를 한 어떤 상황에서도 다 쓸 수 있는
표현이에요.
- 프러포즈 하려고 준비했는데, 거절당했을 때
→ 'All that for nothing.'
- 살 빼려고 운동했는데, 몸무게는 그대로일 때
→ 'All that for nothing.'

019

미끄러우니까,
조심하세요.

바로 듣기

따뜻한 나라에서 온 외국인 직원이 한국의 겨울에 적응을 못하네요. 빙판길에서 넘어지면 큰일 나는데……. 미끄러우니까 조심하라고 말해주고 싶어요. 좋은 영어 표현 좀 알려주세요.

 이건 있는 그대로 직역해볼게. 미끄럽다가 'slip'이니까, 'It's slip, so be careful(미끄러워. 그러니까 조심해).'

 'slip'이요? 근데 이 단어는 동사예요. 의미상으로는 매우 가깝게 접근했으니까, 조금만 수정하면 될 것 같아요.

▶▶ 그래서, 타일러가 준비한 표현은?

53

Be careful! It's slippery!

* **해석** 조심해요, 미끄러우니까.

Check!

* Be careful 조심해요.
* It's slippery 미끄러워요(slippery 미끄러운)

타일러 Tip

영어와 한국어에는 어순의 차이가 있어요. 한국에선 '미끄러우니까 조심해요'라고 하지만, 미국에선 조심하는 게 먼저라고 생각해요. 따라서 '조심해요, 거기 미끄러워요'라는 형태가 되어야겠죠. 오늘 표현은 빙판길뿐만 아니라 욕실에 물기가 있다거나 비 온 뒤에 땅이 젖어 미끄러울 때 등등 여러 가지 상황에 따라 다 쓸 수 있는 표현이에요. 좀 더 구체적인 장소를 넣고 싶다면 이렇게 쓰셔도 돼요. 'Be careful! ○○(It/the floor/the road/the stairs) is/are slippery.'

다 지나갈 거예요.

바로 듣기

취업 준비생입니다. 요즘 힘든 시기를 겪고 있는데요. 이렇게 힘든 일도 언젠가는 물 흘러가듯이 다 지나갈 거라는, 좋은 영어 표현이 없을까요? 적어놓고 오래오래 기억해두고 싶어요.

<Let it snow>라는 팝송이 있고, <Let it go>라는 노래도 있잖아. 거기서 유추해봤어. 'Let it flow(흘러가게 놔두자)' 어때?

좋은 표현인 것 같은데, 무슨 뜻인지 모르겠어요. 그렇게는 잘 안 써요. 'flow'를 쓰고 싶으면, 'Go with the flow'가 더 어울려요. 흐름을 타고 가라는 거죠.

▶▶ 그래서, 타일러가 준비한 표현은?

020

This too shall pass.

* **해석**   이것 역시 지나가리라(원래는 종교적인 표현이었지만, 요즘은 대중적으로 많이 씀).

Check!

* This too 이것 역시
* Pass 지나가다

타일러 Tip

비슷한 표현으로, 노래 가사에도 있는 표현인 'The storm is passing over'도 있어요. 그렇지만 'This too shall pass'를 더 많이 쓰는 것 같아요.

021

지루할 틈이 없었어요.

바로 듣기

외국인 여자 친구와 200일이 되는 날입니다. 한국말로 웬만한 의사소통은 되지만 이왕이면 영어로 그녀와 함께한 모든 날이 즐거웠다고 한마디 해주고 싶어요. 드라마 명대사잖아요.

 기본적으로 'I had a good time with you(당신과 함께해서 좋은 시간이었어요).' 이렇게 쓸 수 있지 않을까?

 맞는 표현이지만, 두 번 다시 못 볼 것 같은 마지막 인사예요.

 그럼 조금 응용해서 'I had a blessed(나는 행복했다, 축복받았다).' 이건?

 과거형으로 말하니까, 이 말을 들은 여자 친구가 이제 나랑 헤어지려고 그러는 거냐고 물을 것 같아요.

▶▶ 그래서, 타일러가 준비한 표현은?

021

Never a dull moment.

* **해석** 지루했던 순간이 없었어요.

Check!

* Never 절대~않다
* Dull 둔한, 지루한
* Moment 순간

타일러 Tip

잘 보면 시제가 없는 표현이에요. 과거에도 지루했던 적이 없고, 지금도 없고, 앞으로도 없을 거라는 뉘앙스를 담고 있어서 아무 때나 쓸 수 있어요. 비슷한 표현으로, 'Never a bad day with you(너와 있을 때 나쁜 날이 없다)'도 쓸 수 있죠.
근데 열심히 영어를 공부하신 분들은 이 표현을 보고 문법이 틀렸다고 할 거예요. 맞아요. 문법이 틀렸어요. 하지만 미국 사람들은 이렇게 말을 해요. 어떤 경우에는 주어를 생략해버리고요. 미국식 영어를 연구하는 언어학자들에 따르면 이 생략법을 쓰는 경향이 점점 더 많아지고 있다고 해요.

죄송하지만 깎아줄 수 없어요.

바로 듣기

약국을 운영하고 있는데요. 한국에서는 무조건 물건값을 깎아야 한다고 어디서 배웠나봐요. 약값도 깎아달라는 외국인에게, 여기서는 깎아줄 수 없다는 걸 어떻게 말해야 할까요?

미국에도 깎아달라고 할 때 있지 않아? 'discount'라는 말이 있잖아. 'Can I get a discount?' 이 표현도 들어본 것 같은데?

미국에선 깎아주는 게 없어요. 방금 말한 그 표현은, 어떤 가게에서 세일 기간에 정해진 할인율로 판매를 하는데 이 제품도 그 할인율이 적용되는지를 물어보는 말이에요. 아예 대놓고 깎아달라고 하는 말은 아니죠.

그렇다면 'I'm sorry, but we can't get a discount (미안해요. 근데 우리는 할인을 받을 수 없어요)'라고 하나?

'discount'를 쓰고 싶으면, 'get a discount' 대신에 'give you a discount'를 써야겠죠? 'get a discount'는 '할인을 받다'라는 뜻이에요.

▶▶ 그래서, 타일러가 준비한 표현은?

Sorry, we have to charge the official price.

---

* 해석 미안한데, 우리는 정가를 청구해야만 해요(강하게 안 된다고 거부하기보다는, 이렇게 할 수밖에 없는 입장이라는 걸 밝히는 뉘앙스가 좋음).

Check!

* Charge (요금을) 청구하다
* Official price 공정가, 정가

타일러 Tip

오늘 같은 상황에서는 깎아주고 싶은데 못하는 것으로 가격이 나의 의지와 상관없이 이미 정해진 것이라는 걸 밝히는 게 좋아요. 다음은 비슷한 표현들이에요.

- Sorry, we're not allowed to change the price.
  (가격을 바꾸는 권한이 없다는 뉘앙스).
- Sorry, we have to charge everyone the same price.
  (공평성을 위하여 모두가 같은 값을 내야 한다는 뉘앙스).

그게 말이니, 막걸리니?

바로 듣기

주변에 유독 말실수를 많이 하는 친구가 있어요. 분위기 좋을 때는 웃고 넘기지만 상황 파악 못하고 말실수할 때마다 기가 막혀요. 그럴 때마다 '말이야, 막걸리야?' 이렇게 말해 주는데, 외국인 친구가 그게 무슨 의미냐고 묻네요. 혹시 영어로도 바꿀 수 있을까요?

첫 시도는 재미 삼아 바로 직역해볼게. 'Is it word or rice wine?'

하하. 장난하는 거죠? 말이에요, 막걸리예요?

음⋯⋯. 오늘 표현은 어렵네. 그럼 이건 어때? 'It's ridiculous(터무니없네, 말도 안 되네).'

아, 그렇게 하면 상대방이 방금 한 말이 어이가 없다는 뜻이에요. 물론 의미가 맞을 수도 있지만 어떤 상황에는 안 맞을 수도 있어요. 이해하기 어렵다는 뜻으로 '엥? 무슨 말이야?'라고 표현해보는 게 어때요?

▶▶ 그래서, 타일러가 준비한 표현은?

Wait, what?

---

* **해석** 잠깐만, 뭐라고?

Check!

* Wait 잠깐만
* What? 뭐라고?

타일러 Tip

오늘 표현은 억양이 매우 중요해요. 아주 가볍게 웃고 넘길 때는 공격적이지 않지만 좀 진지하게 무게 잡고 말하면 상대가 하는 말이 옳지 않다는 뉘앙스가 될 수 있어요. 'wait'는 가볍게 내려가는 억양으로 말하고, 'what'은 끝을 살짝 올린 억양으로 하면 가장 좋습니다. 오늘 표현은 팟캐스트로 제 억양을 꼭 확인해 보세요!

비슷한 표현으로 'Say, what?'을 쓸 수 있고요. 상대가 수습할 기회를 줄 수 있는 표현은 'Are you for real?(농담 아니야?)'라고 말하면 돼요. 반면 이미 싸우자는 뉘앙스의 공격적인 표현은 'You're kidding me right?(장난치는 거지?)'를 쓰면 돼요.

024

근육이 뭉쳤어요.

바로 듣기

평소에 운동을 안 해서 그런가 오랜만에 등산을 갔다 왔더니 온몸이 쑤시고 너무 아픈데, 이번 주말에 또 외국인 동료가 등산을 가자고 하네요. 근육이 뭉쳐서 너무 아프다는 걸 어떻게 표현해야 등산 안 갈 수 있을까요? 도와주세요.

오늘 표현만 잘해놓으면, '두통이 왔어', '치통이 왔어', 다 쓸 수 있을 것 같은데……. 두통이 'headache'잖아. 그걸 응용해서 이러면 안 될까? 'I have muscles-ache (나는 근육통이 있어요).

'headache(두통)'는 자주 쓰는 표현이고 'stomachache(복통)'도 있는 표현이지만 모든 부위에 다 'ache'를 갖다 쓸 수는 없어요. 특히 'muscles-ache'는 안 쓰는 표현이에요. 동사형으로 바꿔서 'My muscles ache'라고는 가능해요.

▶▶ 그래서, 타일러가 준비한 표현은?

024

My muscles hurt.

* **해석** 내 근육이 아파요. 즉, 근육통이 있어요.

Check!

* My muscles **나의 근육들**
* Hurt **아프다**

타일러 Tip

오늘 표현 하나만 외우면 다양하게 응용할 수 있어요.
- My head hurts. 두통이 있어요.
- My stomach hurts. 위통이 있어요.
- My leg muscle hurts / My leg muscles hurt.
  다리 근육이 아파요.

025

폭발하기
일보 직전이에요.

바로 듣기

과장님한테 야단맞고 짜증 나 죽겠는데, 눈치 없는 신입이 자꾸 제 심기를 불편하게 하네요. 나 지금 폭발하기 일보 직전이라고 경고를 해주고 싶은데, 좋은 영어 표현 없을까요?

 폭발하기 일보 직전에는 얼굴이 붉으락푸르락해질 테니 머리가 뜨겁다는 뜻으로 'hot head'를 써보면 어떨까? 'I am a hot head!'

 'hot head'는 부정적인 어감이 있어요. 성격이 다혈질이라는 거죠. 누군가를 비판할 때 쓰는 표현이지 자기 자신에게는 잘 안 써요.

▶▶ 그래서, 타일러가 준비한 표현은?

65

025

I'm going to lose it.

* **해석**   나 정신 나갈 것 같아요(여기서 더 하면 정신이 나갈 것 같으니까 그만하라는 느낌).

Check!

* I'm going to 나는 ~할 것 같아, ~할 예정이야
* Lose it 정신을 잃다, 성질이 나다

**타일러
Tip**

그동안 많이 쌓였던 게 터져서 막말을 하거나 폭발한 사람을 보고 '쟤 정신이 나갔어!' 이렇게 말하죠. 그럴 때 역시 'lose'를 써서 'He lost it / She lost it'을 쓸 수 있고요.

오늘 배운 표현 외에도 '나 폭발하기 직전이야'라는 의미의 비슷한 표현이 더 있습니다. 참고하세요!

- I've had it up to here(이제껏 참고 참아왔어).
- I can't take this anymore(더 이상 참을 수가 없어).

026

새치기하지 마세요.

바로 듣기

공항에서 체크인하려고 줄 서 있는데 외국인들이 줄을 제대로 몰랐는지 새치기를 하더라고요. 새치기하지 말라고, 한마디 해주고 싶었는데 영어를 못해서 꾹 참았습니다.

 영어 공부 할 때 배웠던 표현이라 알 것 같아. '**cut**'이 들어가지? '**Don't cut the line**(라인 넘지 마세요).'

 틀리지 않은 표현이에요. 하지만 이건 새치기를 하기도 전에 '새치기하지 마! 할 생각도 마!' 이런 느낌이에요.

▶▶ **그래서, 타일러가 준비한 표현은?**

026

Stop cutting in line.

---

* 해석　　줄을 자르지 마세요. 즉, 새치기하지 마세요.

Check!

* Stop 하지 마
* Cut 자르다
* Line 선, 줄

타일러 Tip

조금 더 친절하게 말하고 싶으면, 표현 앞에 'Excuse me, please'를 붙이면 제일 좋아요!

제가 식탐이 좀 있어요.

바로 듣기

새해를 맞아 다이어트하기로 결심했는데 아직 시작도 못했네요. 외국인 직원이 다이어트 안 하냐고 묻는데, 사실 제가 먹는 걸 너무 좋아하거든요. 식탐이 좀 있어요. 눈앞에 음식이 보이면 다 먹어야 직성이 풀리는데, 이런 제 상황을 어떻게 설명하면 좋을까요?

 식탐이 있다는 건 음식을 너무 좋아한다는 거니까, 'I love eating food(난 음식을 사랑해요).'

 틀린 표현은 아니지만 '식탐'이라는 느낌이 안 살아요.

 그럼, 좀 어려운 단어를 써서 'I have food-addiction(나 음식 중독이에요).'

 'food addiction'이 들어가면 거식증이나 폭식증처럼 심리적으로 도움이 필요한 상황이라는 느낌이 들어요. 그래서 이런 단어를 쓰면 아주 진지하고 무거운 대화가 이어져야 할 것만 같죠?

▶▶ 그래서, 타일러가 준비한 표현은?

I'm obsessed with food.

* **해석**   내가 음식에 좀 집착해요.

Check!

* Be obsessed 강박관념에 시달리다, 집착하다
* With food 음식에

타일러 Tip

오늘 표현은 억양에 따라 전달하려는 의미가 달라져요. 너무 진지하게 말하면 심각한 문제가 있어 보이니 조금은 가볍고 밝게 말하는 게 좋겠죠.

또 'food' 자리에 다른 단어를 넣어서 다양하게 표현할 수 있어요.

- I'm obsessed with clothes. 옷 욕심이 많아요.
- I'm obsessed with books. 책 욕심이 있어요.

징징거리지 말고,
똑바로 하세요.

바로 듣기

영어로 일기 쓰기를 시작한 아들이 며칠 하다 말고 안 하겠다고 하네요. 이번엔 강하게 잔소리 좀 하고 싶은데, 똑바로 하라는 말은 어떻게 하면 될까요? 영어로 한마디 해주면, 엄마가 대단해 보이지 않을까요?

똑바로 하라는 건, 내가 평소에 많이 들어봤던 말이야. 그래서 알 것 같아. 'Do it right away(제대로 된 방법으로 해).'

틀린 표현은 아니지만, 아이가 공부를 안 한다고 잔소리 할 때 쓰기에는 상황에 맞지 않네요.

▶▶ 그래서, 타일러가 준비한 표현은?

028

Quit whining and get your work done.

＊ 해석 징징거리지 말고, 네가 할 일을 해.

Check!

* Quit whining 징징거리지 마
* Get your work done 네 일을 끝내

**타일러
Tip**

부모님이 아이들을 혼낼 때, 쓸 수 있는 다른 표현들이 많아요.
- (쿨하게 혼낼 때) Homework doesn't do itself. Just get it done.
- (진지하게 혼낼 때) Don't procrastinate. Just get it done.
- (협박성으로 혼낼 때) Do you like OO? ('Yes'라고 답할 때까지 기다렸다가) Then do your work.

음식은 입에 맞나요?

바로 듣기

회사 구내식당에서 일을 하고 있습니다. 저희 식당에는 항상 혼자 밥을 먹는 외국인 직원이 있는데요. 혼자 먹는 게 안쓰러워 말 좀 걸어보려고요. 음식이 입맛에 맞는지 물어보며 말문을 트고 싶은데, 어떻게 말하면 좋을까요?

나라면 이렇게 말해줄 것 같아. 'What do you think of this food(이 음식에 대해 어떻게 생각해요)?'

나쁘진 않지만, 별로 친하지 않거나 모르는 사람에게 이렇게 물어보면 뜬금없어 할 것 같아요. 이미 아는 사이라면 음식 평을 해달라는 거니까 좋은 표현일 수도 있겠죠.

그럼, 'Do you like this food(이 음식 좋아하니)?'

역시 뜬금없어요. 다짜고짜 취향을 물어보는 거니까요. 그보다는 가벼운 대화부터 나눠야죠.

▶▶ **그래서, 타일러가 준비한 표현은?**

029

Is the food alright?
How's your lunch?

* **해석**   음식은 괜찮나요? 점심은 어때요?

Check!

* Alright 괜찮은
* How's~ ~은 어때
* Lunch 점심

**타일러
Tip**

구내식당이나 급식이 되는 카페테리아에서 이미 정해진 메뉴가
나올 때, 혼자 밥 먹는 사람과 합석할 때가 있잖아요. 그럴 때, 같은
음식을 먹고 있으니까 '음식은 어때요? 괜찮아요?' 같은 느낌으로
'Is the food alright?'라고 물어보면 좋겠죠.
'Is the food alright?'는 식당에서 종업원들이 이쪽저쪽 테이블
사이를 돌아다니며 묻기도 하는 말이에요. 이 말을 듣는 이용객은
나를 챙겨주고 신경 써주는 것 같은 느낌을 받을 거라, 식당을
운영한다면 외국인 손님에게 쓰는 것도 좋습니다.

030

급할수록 돌아가세요.

바로 듣기

태국에서 온 직원이 가장 많이 쓰는 말이 '빨리빨리'예요. 한국 사람보다 더 많이 쓰는 것 같아요. 아무리 한국에서 배운 말이라지만, 급할수록 돌아가라는 말을 해주고 싶은데, 영어로 어떻게 하면 될까요?

급할수록 돌아가라는 건 천천히 하라는 거니까, 미국 드라마에서 많이 봤던 표현을 해볼게. 'Hey, take your time(천천히 해요).'

우와! 정말 자연스러운 표현이에요. 저도 생각 못한 건데……. 이 표현은 억양이 중요한 것 같네요. 비꼬아서 말할 때도 쓸 수 있으니까요. 화내지 말고, 'time'을 길게 하면 될 것 같네요. 제가 준비한 표현은 다른 건데요.

▶▶ 그래서, 타일러가 준비한 표현은?

75

030

Haste makes waste.

---

* 해석   서두르는 게 낭비를 만듭니다.

Check!

* Haste 서두름, 급함
* Waste 낭비, 쓰레기

타일러
Tip

영어에는 진지하게 얘기를 해야 할 때도 일부러 장난스럽게
라임을 맞추는 경우가 많아요. 오늘 같은 표현이 그렇죠.
관용구들이 오히려 강하기만 한 말투보다 더 오래 기억에 남기
때문이에요.

- 설치지 좀 마세요.

- 제 마음이 콩밭에 가 있었네요.

- 헛수고했네요.

- 미끄러우니까, 조심하세요.

- 다 지나갈 거예요.

- 지루할 틈이 없었어요.

- 죄송하지만 깎아줄 수 없어요.

- 그게 말이니, 막걸리니?

- 근육이 뭉쳤어요.

- 폭발하기 일보 직전이에요.

- 새치기하지 마세요.

- 제가 식탐이 좀 있어요.

- 징징거리지 말고, 똑바로 하세요.

- 음식은 입에 맞나요?

- 급할수록 돌아가세요.

- Stop being THAT kid.

- I have something on my mind.

- All that for nothing.

- Be careful! It's slippery!

- This too shall pass.

- Never a dull moment.

- Sorry, we have to charge the official price.

- Wait, what?

- My muscles hurt.

- I'm going to lose it.

- Stop cutting in line.

- I'm obsessed with food.

- Quit whining and get your work done.

- Is the food alright? How's your lunch?

- Haste makes waste.

바로 듣기

031

시식용이에요.

마트 시식 코너에서 닭발을 먹어보고 있는데, 지나가던 외국인 손님이 무슨 맛인지 궁금해하더라고요. 말로 설명해주긴 어려워서 직접 먹어보라고 'free food'라고 하긴 했는데……. 시식용이라는 영어 표현도 있을까요?

 미국에는 시식 코너가 거의 없잖아. 그냥 우리가 만들면 되지 않을까? 내 생각에도 'free food'가 맞을 것 같은데? 'This is for free food.'

 네? 농담이죠?

 아니면, 'This is for taste(이건 맛보기 음식이야).'

 아, 'taste'를 쓰고 싶으면, 'tasting'이라고 해야겠죠? 근데 좀 더 자연스러운 표현이 있어요.

▶▶ 그래서, 타일러가 준비한 표현은?

These are for you to try.

＊ 해석　　이것들은 당신이 시도하기에 좋은 것입니다. 즉, 시식용이니까 먹어봐요.

Check!

＊ These are 이것들은~이다
＊ For you 당신을 위한
＊ Try 시도하다

타일러 Tip

보통 '맛보다'라고 할 때 'taste'를 먼저 떠올리기 쉬운데, 그걸 먹어보는 거니까 시도한다는 의미가 돼야 해요.
영어에서는 'try'를 정말 많이 써요. 시도해볼 때도, 'Try it' 실패했을 때도, 'Nice Try', 'Try'를 적재적소에 잘 쓰는 게 중요하겠죠.

제가 한번 해보겠습니다.

바로 듣기

저희 회사에서는 영어회의를 종종 하는데요. 제가 좀 소심하고, 영어를 너무 무서워해서 회의 때마다 말 한마디 못하고 있네요. 올해는 꼭 자신 있게 '제가 한번 해보겠습니다!'라고 말하고 싶은데, 그 말부터 배워야겠죠?

'I will do that(내가 그걸 할게요).' 타일러 표정 보니 아닌가보네.

음, 무슨 말인지는 알겠는데 좀 부자연스러워요.

그럼 지난 시간 표현을 좀 응용해서, 'I will try.'

쓸 수는 있지만, 그렇게 말하면 자신감이 살짝 없어 보여요. 어쩔 수 없이 노력해본다는 느낌이랄까.

▶▶ **그래서, 타일러가 준비한 표현은?**

I'll give it a try.

---

* **해석**　　나는 시도를 줄게요. 즉, 제가 한번 해볼게요.

* Give 주다
* A try 시도(명사형)
* Give it a try 한번 해보다, 한번 시도하다

**타일러
Tip**

오늘 표현은 매우 긍정적이고, 정말 하고 싶다는 열정이 느껴져요.
그래서 회의 시간에 사용하면 적극적으로 들릴 수 있겠죠.
오늘 표현에 나온 'a try'처럼, 영어 문장에서 종종 동사를 명사화
할 때가 있어요. 명사로 쓴 'try'는 좀 더 가볍고, 재밌게 느껴져서
상대방에게 쉽게 와닿는다는 장점이 있어요. 'give it a go', 'give
it a whirl' 등등 다양하게 쓸 수 있어요.

033

네 정거장 뒤에
내리면 돼요.

바로 듣기

지하철을 탔는데, 외국인 관광객이 지하철 노선표를 내밀며 자신의 목적지를 묻더라고요. 보니까, 네 정거장 뒤에 내리면 되는 거라 'Next, next, next, next'만 네 번 말해줬네요. 바른 표현을 알고 싶어요.

'You should stop after four station(네 정거장 후에 멈추면 돼요).'

일단은 복수형으로 말해야 하니까, 'stations'가 되어야겠죠? 그리고 지금 현재 걷고 있거나 달리고 있는 중이면 'stop'을 써도 되지만, 지하철 안에 멈춰서 있는 상황에서 쓰기에는 많이 어색해요. 잘못 들으면, 살아 있는 걸 그만하라는 느낌도 받고요.

그럼, 'get off(하차하다)'를 써서, 'You should get off four stations after.'

점점 가까워지고 있지만, 'should'를 쓰는 건, 강하게 지시하는 거라 내리는 곳도 모르냐고 손가락질하는 것 같은 느낌이 있어요.

▶▶ 그래서, 타일러가 준비한 표현은?

83

033

Get off in four stops.

* **해석**　　네 정거장 후에 하차하면 됩니다.

Check!

* Get off 하차하다(↔get on 승차하다)
* In four stops 네 정거장 안에

타일러 Tip

'stop'은 명사로 쓰여 '정류장'이 되고, 'in'은 '~안에 내린다'는 의미를 담고 있어요. 다양하게 응용할 수 있어요. '세 정거장 뒤에 내리세요'는 'Get off in three stops'가 되겠죠. 단, '다음 정류장에서 내리세요'는 'Get off at the next stop'이라고 하는 게 훨씬 자연스러워요.
오늘의 표현과 비슷한 표현으로는 'Just four stops', 'Four stops from here' 등이 있어요!

034

함께 일해서 즐거웠어요. 연락해요.

바로 듣기

임기를 마치고 캐나다로 돌아가는 원어민 선생님이 있는데요. 작별 인사를 하고 싶은데 그냥 '굿바이'만 하기에는 좀 부족한 것 같아요. 뭐라고 마지막 인사를 하면 좋을까요?

'작별'이란 뜻도 있지만 '잘 가'라고 할 때, 'farewell'을 쓸 수 있지 않아?

절대, 다시는 못 볼 것 같은 느낌이에요. 계속 연락하고 싶다는 티를 내야 하지 않을까요?

그럼, 'I had a good time with you. Call me(당신과 함께해서 행복한 시간이었어요. 전화해요).

아…….. 소개팅이라도 나갔나요? 오늘 너무 즐거웠으니 연락하라고, 사귀고 싶다고 말하는 것 같아요.

▶▶ 그래서, 타일러가 준비한 표현은?

85

It was great working with you. Keep in touch.

---

* **해석**   함께 일해서 정말 좋았어요. 연락해요.

Check!

* It was great working with you 당신과 함께 일해서 좋았어요
* Keep in touch 연락해요.

타일러 Tip

'Keep in touch'는 계속 인연을 이어가고 싶다는 뜻으로 오늘 상황에서 중요한 포인트예요. 근데, 영혼 없이 말을 하면 오해할 수 있으니, 무엇보다 밝게 인사하는 억양이 중요하겠죠?
대신 'Keep in touch' 앞에는 어떤 인사가 와도 좋아요. 예를 들면, 'It was fun. Keep in touch', 'I'll miss you. Keep in touch', 'It was awesome. Keep in touch', 이렇게요!

유치하게 놀리지 좀 마.

바로 듣기

제가 연예인과 이름이 똑같아서 어릴 때부터 항상 놀림을 당했는데요. 평생을 듣다 보니, 이젠 너무 지겨워요. 그래서 유치하니까 그만 좀 놀리라고 한마디 하고 싶은데, 영어로는 어떻게 표현하면 될까요?

 'tease'가 '놀리다'라는 뜻이 있으니까 'Stop teasing me' 어때?

 좋아요. 근데 'tease'는 아이들이 놀이터에서 술래잡기를 할 때, '너 나 못 잡지' 하며 놀릴 때 쓰는 단어 같아요.

▶▶ **그래서, 타일러가 준비한 표현은?**

035

Stop making fun of me.

* **해석**　나를 우습게 만들지 마세요.

Check!

* Stop making fun 우습게 만들지 마세요
* Of me 나를

타일러 Tip

방금 시도한 표현과 제가 준비한 표현은 어감 차이가 확실히
있어요. 'Stop teasing me'는 어린아이들이 무작정 유치하게
놀릴 때 쓰는 표현이지만, 이름이나 외모, 특징을 가지고 놀릴 때,
정색하고 말하고 싶을 때는 제가 준비한 표현을 쓸 수 있어요.
비슷하게 쓸 수 있는 표현도 함께 알아두세요!
- Let me be(발음은 'Lemme be'로 하고요. 이렇게 줄이는
  경우도 많아요).
- Leave me alone.

최고의 안부를 전합니다 (이메일 쓸 때 마무리 인사).

바로 듣기

해외 영업부 직원과 업무 이메일을 자주 주고받는데요. 일 얘기만 하니까 너무 딱딱하고, 제가 너무 사무적으로 보일 것 같아서 이메일 마지막에 기분 좋은 한마디를 넣어주고 싶어요. 뭐가 좋을까요?

 아, 내 친구들은 이메일 보낼 때, 'Ciao(차오)'를 많이 쓰던데, 이건 어때?

 이 표현 역시, 친한 친구 사이에 쓰기엔 매우 좋아요.

 그럼, 예전에 배웠던 'Keep in touch(계속 연락하자)'를 써보는 건 어때?

 이메일에서 'Keep in touch'를 쓰면 다시는 이메일 보낼 생각이 없다고 느낄 수 있어요.

▶▶ 그래서, 타일러가 준비한 표현은?

036

Best regards.

＊해석　최고의 안부를 전합니다.

Check!

＊ Best 최고의
＊ Regards 안부

**타일러
Tip**

오늘 표현은 메일 맨 마지막에 쓰는 '누구누구 올림'처럼, 이름
앞에 넣는 게 가장 좋아요. 메일을 자주 주고받아야 하는 사이에서
사용하고요, 한번 'Best regards'를 썼으면 다음 메일부터는
'Best, (자기 이름)'만 써도 충분히 뜻이 통하는 표현이랍니다.

완전 붕어빵이네요.

바로 듣기

외국인 동료가 득남을 했는데요. 아기 사진을 보니 이 직원을 쏙 빼닮은 게 완전 붕어빵이더라고요. '붕어빵'이라고 하면 못 알아들을 것 같고……. 이 느낌, 어떻게 전하죠?

'닮다'라는 'resemble'을 써서, 'He resemble his father(그는 그의 아버지를 닮았어).' 이건 안 될까?

일단은 'He'니까 'resemble'에다가 's'를 붙여야겠죠? 그런데 이 표현은 너무 대놓고, '닮다'라는 말을 썼어요. 직역한 느낌이죠. 자연스럽지 않아요.

그럼, 'He is miniature of father(그는 아버지의 미니어처야).'

하하하. 패스트푸드점의 인형을 보고 하는 얘기 같아요. 그리고 그렇게 말하려면 'A miniature'로 해야겠죠?

▶▶ 그래서, 타일러가 준비한 표현은?

Wow, you look so much alike!

---

* **해석**   당신과 완전 똑같아 보여요. 즉, 붕어빵이에요.

Check!

* You look~ 당신은 ~해 보여요
* So much 매우
* Alike 똑같이, 비슷한

타일러 Tip

다른 사람을 닮았다는 얘기를 하고 싶을 때 'To look just like'라는 표현을 쓰는 것도 좋아요. 예를 들어, 아버지를 많이 닮은 아기에게 'He/She looks just like his/her father!'이라고 하거나, 친구가 돌고래 그림을 그렸는데 정말 닮았으면 'Wow! It looks just like a dolphin!'이라고 하면 된답니다.

038

같이 2차 갈래요?

바로 듣기

저희 부서 외국인 직원은 회식을 하면 항상 1차만 하고 집에 가요. 이제는 사이가 좀 가까워져서 2차 갈 때 넌지시 제안하고 싶은데 어떻게 하면 될까요?

2차니까, 'second round'를 쓰면 안 될까? 'Let's go to second round(2차 가자).'

'round'는 시합에서나 싸울 때 많이 쓰는 표현이에요. '한판 더 붙을래?' 이런 느낌. 술자리에서 'round'를 쓴다면 '내가 한턱 쏘겠다', '다 계산하겠다' 이런 느낌이 있어요. 오해받을 수 있습니다.

▶▶ 그래서, 타일러가 준비한 표현은?

93

Want to grab another drink with us?

---

* **해석**　　우리와 다른 술잔을 잡으러 가길 원해요? 즉, 2차 가지 않을래요?

Check!

* Want to 원해요
* Grab another drink 다른 술잔을 잡길
* With us 우리와 함께

타일러 Tip

술자리를 가지거나 뭔가를 마신다고 표현할 땐,
'grab(잡다)'이라는 단어를 정말 많이 써요. 'grab a beer', 'grab a coffee', 'grab a drink' 이런 식으로 말이죠. 잊지 마세요!!

의외의 면이 있네요(긍정).

바로 듣기

친구의 외국인 남자 친구를 소개 받는 자리가 있었어요. 외국인들은 향이 강한 깻잎을 못 먹는다고 들었는데, 이 친구는 의외로 잘 먹더라고요. 그래서 '너 의외다'라고 말해주고 싶었는데, 진짜 미국식 표현이 궁금해요.

의외라는 건, 다른 면이 있다는 거니까 'You are different guy(너 다른 사람 같아)', 'You are totally different(너는 완전히 달라).' 이런 건 어떨까?

가능한 말이긴 해요. 하지만 고백하기 직전에 좋아하는 사람에게 쓰는 표현이 될 수도 있어서 친구의 남자 친구는 오해할 수도 있어요. 톤을 어떻게 잡느냐에 따라 달라지겠죠?

▶▶ 그래서, 타일러가 준비한 표현은?

You surprise me.

* **해석** 당신은 나를 놀라게 하네요.

* Surprise 놀라게 하다

타일러
Tip

오늘 표현은 천천히 고백하듯이 목소리를 깔면서 진지하게 말해야
'너 의외다'라는 느낌을 줄 수 있어요. 그럼 상대방은 'Why?'라고
물어볼 테고, 그러면서 대화가 이어진답니다. 그리고 과거형인
'surprised'를 써서 'You surprised me'라고 하면, 어쩌다 한
번 나를 놀라게 했다는 느낌이 들기 때문에 꼭 현재형으로 써야
한답니다.

게을러서 아직 시작 못했어요.

바로 듣기

연초에 올해는 꼭 영어 공부 하겠다고, 이 사람 저 사람 붙잡고 선언을 했는데요. 다들 영어 공부 잘하고 있냐고 묻는데……. 민망하지만, 제가 아직 게을러서 시작을 못했거든요. 이럴 때는 어떤 말로 민망함을 벗어날 수 있을까요? 이왕이면 영어로 말해주면 더 놀라겠죠?

오늘 표현은 좀 어려운 것 같아. 그래서 그냥 말 그대로 직역해볼게. 'I didn't start something because of I'm lazy(시작을 못했어요, 왜냐면 내가 게을러요).

일단은 'of'를 안 써도 돼요. 'lazy'는 만사 귀찮은 부정적인 단어예요. 공부를 아직 시작하지 않은 건 민망하고 머쓱한 것이지 큰 죄를 지은 건 아닌데 너무 자기를 비하하는 느낌이 들 것 같아요.

▶▶ 그래서, 타일러가 준비한 표현은?

040

Yeah······. That hasn't happened yet.

＊해석　(머쓱하게) 그러게요, 그 일이 아직 안 일어났네요.

Check!

* Yeah 그러게요
* That has not happened 그건 일어나지 않았어요
* Yet 아직

타일러 Tip

오늘 표현은 아직 공부를 시작하지 않은 게 민망하고 머쓱한
상황으로 그에 맞는 말투와 억양이 필요하겠죠? 억양이
궁금하다면, 팟캐스트를 확인해주세요!
다음은 비슷한 표현들이에요.

- Yeah, I've been procrastinating on that one.
- I haven't quite started yet.
- Well, I haven't really started yet.

98

041

집들이에
초대하고 싶어요.

바로 듣기

얼마 전 이사를 했는데요. 휴일을 맞아 집들이를 하려고 하는데 외국인 동료에게는 어떻게 말을 꺼내야 할지 모르겠더라고요. 미국에도 집들이 문화가 있을지……. 이럴 땐 뭐라고 하면서 초대하면 좋을까요?

집들이가 'housewarming'이니까, 말 그대로 풀어서 표현하면 되지 않을까? 'I'm going to have housewarming party. Wanna come(집들이를 할 예정이에요. 올래요)?'

이 표현을 쓰려면, 'I'm gonna have a housewarming party. Wanna come?' 이렇게 쓰는 게 좀 더 자연스러워요. 근데 'housewarming party' 자체가 너무 격식을 차린 표현 같아요. 뭔가 많이 준비를 하고 가야 할 것 같고. 편하고 여유 있게 와도 된다는 느낌이 없어요. 그리고 'Wanna come(올래요)?' 하고 물으면, 처음에는 초대할 생각이 없었는데 갑자기 부르는 것 같은 느낌이 들어요. 이럴 때는 '당연히 와야지, 네가 이 자리에 있어야지!' 하는 확신을 줘야겠죠?

▶▶ 그래서, 타일러가 준비한 표현은?

041

I'm having a party at my new house, you should come.

* **해석** 새집에서 파티를 할 건데, 꼭 오세요.

Check!

* I'm having a party 파티를 할 예정이에요
* At my new house 새로운 집에서
* You should come 꼭 와야 해요

타일러 Tip

이 표현에서 'new'를 빼면, 집으로 초대할 때 언제든 쓸 수 있어요. 미국에도 한국의 '집들이'와 비슷한 문화가 있지만, 상다리 부러지게 차려서 크게 대접하기보다는 집안에 가구가 들어오기 전 친구들을 초대해 피자를 먹으며 거실 페인트칠을 함께하는 경우가 많아요. 그래서 'painting party'라고 부르기도 한답니다.
그리고 'should'를 쓰면 무례해 보인다고 했었지만, 오늘은 꼭 써야 합니다. 왜냐면 이미 집들이를 하기로 결정을 한 건데, 뒤늦게 '너 올래?'라고 하면 빼먹었다가 급하게 부르는 느낌이거든요. 그래서 'should'를 써서, '꼭 와야지! 네가 그 자리에 있어야지!' 이런 느낌이 들게 해주는 거죠.

(환절기)
감기 조심하세요~

따뜻한 나라에서 온 외국인 직원이 있는데요. 한국의 변화무쌍한 환절기 날씨에 적응을 못하는 것 같더라고요. 그래서 감기 조심하라는 말을 해주고 싶었는데, 환절기라는 말도 영어로 바꾸려니 어렵고, 어떻게 하면 좋을까요?

환절기라는 말을 과감히 버리고, 'Be careful, you're cold.'

영철형의 표현을 그대로 직역하면 '조심해요, 추우세요!' 이렇게밖에 안 되겠는데요?

오케이! 그럼, 'Do not in all to catching a cold for change of the seasons.'

환절기라는 표현까진 굳이 안 해도 되는데……. 아무튼 점점 가까워지고 있어요.

▶▶ 그래서, 타일러가 준비한 표현은?

101

Be careful not to catch a cold.

* **해석**   감기에 걸리지 않게 조심하세요.

Check!

* Be careful 조심하세요
* Not to catch a cold 감기에 걸리지 않게

타일러 Tip

'환절기'라는 말을 크게 신경 쓸 필요는 없어요. 필요 없는 정보니까요. 영어권에서는 환절기가 없는 건 물론 전체적으로 짧고 간단하게 말하려는 경향이 있어요. 그래도 환절기를 꼭 표현하고 싶다면, 오늘 표현에서 'cold' 앞에 다음 계절을 넣으면 돼요. Be careful not to catch a spring cold. (겨울에서 봄으로 넘어가는) 환절기에 감기 조심하세요.

여기까지 오는데
힘들진 않았나요?

바로 듣기

외국 바이어가 종종 회사를 방문하는데요. 'Welcome'이라고 인사를 한 뒤에, 딱히 해줄 말이 없더라고요. 이럴 때는 뭐라고 말을 꺼내야 어색하지 않을까요? 미국에서는 어떤 표현을 쓰는지 궁금합니다.

'Thank you for coming to Korea. I will help you. Enjoy your staying here(한국에 와줘서 감사합니다. 당신이 여기 머무는 동안 제가 도와줄게요).' 이건 어때?

딱히 틀린 표현은 아닌데, 왠지 호텔에 온 것 같은 느낌이에요. 보통 이럴 땐 한국어로도 뭐라고 말하는지 생각해보세요. 해줄 수 있는 말이 엄청 많죠. '환영합니다. 만나서 반가워요.' 그다음에⋯⋯. 어떤 말이 필요할까요?

▶▶ 그래서, 타일러가 준비한 표현은?

043

Did you find your way here okay?

---

* **해석** 여기까지 당신의 길을 잘 찾았나요?(즉, 여기까지 잘 찾아오셨나요? 오는 데 어렵진 않았나요?)

Check!

* Did you find 당신은 찾았습니까?
* Your way here 여기서 당신의 길을

타일러 Tip

이 표현은 꼭, 'Welcome to OO'이나 'Nice to meet you' 같은 인사말 다음에 써야 해요. 혹, 회사를 방문하는 바이어가 첫 방문이 아니라 이전에도 왔었던 적이 있다면 'Good to see you (잘 오셨어요)', 'Thanks for dropping by(와줘서 고마워요)' 같은 표현을 덧붙이는 게 좋아요.

044

유통 기한이
언제까지인가요?

바로 듣기

해외여행을 가면 꼭 그 나라 재래시장에 가보는데요. 길거리 음식이나 시장 음식은 언제까지 먹어야 하는지, 유통 기한이 정확하지 않잖아요. 이럴 때 언제까지 먹을 수 있는지 어떻게 물어보면 될까요?

유통 기한이란 단어가 너무 어려운 것 같아. 그래서 나라면, 차라리 이렇게 물어볼 것 같아. 'When can I eat to weeks later(몇 주 후에도 먹을 수 있을까요)?'

이렇게 물으면 몇 주 뒤에도 먹는 게 가능한지 여부는 알려줄 수 있지만, 언제까지 먹으라는 얘기는 하지 않을 거예요.

▶▶ **그래서, 타일러가 준비한 표현은?**

044

How long is this good for?

---

* **해석**　　언제까지 좋은 건가요?

Check!

* How long is 얼마나 긴가요?
* This good for 이것이 좋은 게

타일러 Tip

유통 기한을 물을 때 꼭 'expiration date(유통 기한)' 같은 어려운 단어를 쓸 필요는 없어요. 오늘 표현은 음식의 유통 기한뿐만 아니라 멤버십 카드나 쿠폰 등의 유효 기간을 물을 때도 사용할 수 있습니다.

미안한데, 조용히
좀 해주시겠어요?

바로 듣기

호프집에서 친구와 간단히 한잔하고 있는데, 옆자리 외국인들이 너무 시끄럽더라고요. 조용히 좀 해달라고 말하고 싶은데, 무례하게 들리면 한국에 대한 안 좋은 기억을 줄 것 같아 결국 아무 말도 못했어요. 그래도 다음엔 꼭 써먹게, 공손한 영어 표현 좀 알려주세요.

 조용히 해달라는 건, 내가 자주 듣는 말인데……. 'Shut up'이 들어가, 안 들어가?

 공손하게 말해주고 싶다고 했으니, 당연히 안 들어가겠죠?

 그럼 'Could you be quiet please?' 혹은 'Excuse me, be quiet please.'

 근데 'be quiet' 역시 '닥쳐'라는 뉘앙스가 포함돼 있어요. 선생님이 어린 학생들에게 쓸 수 있는 말이죠. 나이 든 사람이 어린 사람에게 명령할 때 쓰는 말이라, 모르는 사람에게 쓰기에는 미안한 표현이에요.

▶▶ 그래서, 타일러가 준비한 표현은?

107

Excuse me, could you please keep it down?

---

* **해석**   실례지만, 소리 좀 낮춰주세요.

* Excuse me 실례합니다
* Could you please 해주시겠습니까?
* Keep it down 낮은 소리를 지켜주세요
  (여기서 it은 볼륨, 음량을 말함)

**타일러
Tip**

미국에서는 술 먹는 장소는 당연히 시끄럽다는 인식이 있는
것 같아요. 그래서 바나 술집에서 남에게 조용히 해달라는 게
사실 조금 어려울 수도 있어요. 물론, 라운지나 칵테일바, 조금
조용한 분위기가 형성돼 있는 곳이라면 너무 큰 목소리나 격식에
어긋나는 대화를 하는 것이 문제가 될 수 있죠. 이럴 때는,
직접적으로 조용히 해달라는 것도 가능하지만 웬만하면 종업원을
불러서 조용해 달라는 말을 부탁하는 편입니다.

031 ~ 045

- 시식용이에요.

- 제가 한번 해보겠습니다.

- 네 정거장 뒤에 내리면 돼요.

- 함께 일해서 즐거웠어요. 연락해요.

- 유치하게 놀리지 좀 마.

- 최고의 안부를 전합니다(이메일 쓸 때 마무리 인사).

- 완전 붕어빵이네요.

- 같이 2차 갈래요?

- 의외의 면이 있네요(긍정).

- 게을러서 아직 시작 못했어요.

- 집들이에 초대하고 싶어요.

- (환절기) 감기 조심하세요~

- 여기까지 오는 데 힘들진 않았나요?

- 유통 기한이 언제까지인가요?

- 미안한데, 조용히 좀 해주시겠어요?

- These are for you to try.

- I'll give it a try.

- Get off in four stops.

- It was great working with you. Keep in touch.

- Stop making fun of me.

- Best regards.

- Wow, you look so much alike!

- Want to grab another drink with us?

- You surprise me.

- Yeah……. That hasn't happened yet.

- I'm having a party at my new house, you should come.

- Be careful not to catch a cold.

- Did you find your way here okay?

- How long is this good for?

- Excuse me, could you please keep it down?

046

몸 생각해서
적당히 드세요.

바로 듣기

회사 바이어가 한국의 믹스 커피를 너무 좋아합니다. 한국 올 때마다 몇 박스씩 사가기도 한다는데, 인스턴트 커피니까 많이 마시면 안 좋을 것 같아요. 그래서 적당히 먹으라고 조언해주고 싶은데, 어떻게 말하면 좋을까요?

 '너무 많이 먹으면 너에게 좋지 않아!'라는 의미니까, 이렇게 쓰면 안 될까? 'It's not that good for you, too over eat.'

 네?

 미안! 못 들은 걸로 해줘. 그럼, 'Enough is enough(더 이상은 안 돼요).' 이건 어때?

 두 표현 다 느낌은 알겠는데, 상대방이 선호하는 취향을 대놓고 하지 말라고 하는 것 같아요. 아무래도 바이어라면 말을 꺼내기 힘든 부분이 있는 사이인데, 격식을 차리는 게 좋겠죠.

▶▶ 그래서, 타일러가 준비한 표현은?

111

Too bad it's not good for you too.

* **해석**   몸에도 좋은 게 아니라서 아쉬워요.

Check!

* Too bad **아쉽다**
* It's not good for you too **몸에도 좋은 게 아니에요**

타일러 Tip

이 표현은 뜬금없이 꺼내기보단 대화를 나누는 중에 쓸 수 있는 표현이에요.

A: 커피 좋아하세요?
B: 네 당연히 좋아해요!
A: 근데 너무 많이 먹으면 안 좋아요.

이런 식으로 넌지시 말해줄 수 있는 표현인 거죠.
비슷하게 쓸 수 있는 표현도 있습니다.

- It tastes good, but it's not really good for you.
  (여기서 'really'는 'actually'라는 뜻)
- It's not good for you, though.

거기 문 닫았어요.

바로 듣기

친구랑 있는데, 외국인이 길을 물어보더라고요. 보니까 최근에 문을 닫은 식당이라 폐업했다고 설명해줘야 했는데, 저는 'Sold out'으로 생각했고 친구는 'The end'여야 한다네요. 도대체 뭐가 맞는 표현인가요? 알려주세요!

'Sold out'이나 'The end'가 들어가?

아니요, 'sold out'은 품절이라는 뜻으로 제품이 없을 때 쓰는 거예요. 근데 가게가 'sold out'이라는 건 그 가게, 혹은 그 가게에서 파는 모든 물건을 누군가가 샀다는 뜻이 되겠죠. 그리고 'The store is the end'를 쓴다면, 이 길 끝에 가게가 있다는 느낌으로 전달될 거예요.

그럼, 'closed'를 써서, 'It is closed.'

Wow, 거의 맞혔어요.

▶▶ 그래서, 타일러가 준비한 표현은?

113

047

It's closed.

---

* **해석**　거기 문 닫았어요. 영업 안 해요.

* Closed 닫힌, 닫은

타일러
Tip

'It is'와 'It's'는 같아 보이지만, 문어체와 구어체 같은 차이가
있어요. 한국말도 문어체로 얘기하면 뭔가 어색하게 느껴질
때가 있죠. 영어도 마찬가지예요. 글 쓸 때도 'It's'로 줄여야
하는 건지 의견이 분분하지만 말할 때는 항상 줄여서 쓰니까 꼭
기억해두세요.

필요한 거 있으면
뭐든 말해요.

바로 듣기

건설 현장에서 일하는데, 외국인 노동자들이 많아요. 타국 생활을 하는 게 힘들고 외로워 보여서 동료들을 가족같이 생각하고 이곳을 제2의 고향처럼 편하게 여기라고 한마디 해주고 싶은데, 이럴 땐 어떻게 표현하면 더 좋을까요?

제2의 고향이라…… 'second home' 안 들어가겠지?
그럼 외국어에도 비슷한 표현이 있는 걸로 아는데……
'My house is your house(내 집이 네 집이다).'
이건 어때?

스페인어의 'Mi casa estu casa(내 집이 네 집이다)'를
말하는 거죠? 영어로 바꾸니까 뭔가 어색하네요. 그냥
어렵게 생각하지 말고, 편하게 상대방이 듣고 싶어 하는
말을 해주는 게 좋지 않을까요?

▶▶ **그래서, 타일러가 준비한 표현은?**

048

Let me know if you ever need any help.

* **해석**   도움이 필요하면 언제든지 나에게 알려줘요.

Check!

* Let me know 나에게 알려주세요
* If you ever need 만약 필요하다면
* Any help 어떤 도움

타일러 Tip

한국에선 '제2의 고향', '가족 같은 이웃사촌', 이런 표현들을 쓰지만 외국인들은 그런 말이 부담스러울 수 있어요. 왜 갑자기 나에게 이런 말을 하나 뜬금없이 들릴 수도 있고요. 그럴 때는 진심을 담아, 지킬 수 있는 말을 해주는 게 훨씬 좋습니다. 영어로 표현할 때도, 가족 같다거나 제2의 고향이라거나, 그런 단어보다는 다른 식으로 생각을 하는 게 좋고요.

049

완전 최고였어요.

바로 듣기

영어는 안되지만, 남편과 하와이로 자유 여행을 다녀왔습니다. 대화가 안 통해도 큰 어려움은 못 느꼈는데, 헬기 투어를 할 때 기장님이 영어가 안되는 저희를 배려해 최대한 쉬운 단어로 설명하는 게 느껴지더라고요. 너무 감사해서, 덕분에 구경 잘했다고 인사라도 하고 싶었는데, 영어가 짧아 'Thank you'밖에 못해줬네요. 이럴 때는 어떻게 감사 인사를 전하면 좋을까요?

'Thank you for showing me around(주위를 보여주셔서 감사합니다).' 이렇게 하면 안 될까?

좋은 표현이에요. 근데 정말 좋았다는 느낌이 들진 않아요. 그냥 형식적인 인사 정도? 집을 보러 다니는데, 방을 보고 난 뒤 돌아갈 때 집 잘 봤다고 쓰면 좋은 표현이에요. 즉 'around'를 쓰면 방이나 사무실처럼 정해진 공간을 둘러봤다는 느낌이 돼요.

▶▶ 그래서, 타일러가 준비한 표현은?

117

Thank you so much, that was awesome.

＊해석　정말 감사합니다, 굉장했어요.

Check!

＊ Thank you so much 너무 감사합니다
＊ That was awesome 그건 굉장했어요

타일러 Tip

'awesome'은 진~~~짜 좋을 때, 굉장히 멋지고, 대박일 때 쓸 수 있는 단어죠. 잊지 못할 좋은 경험을 했을 때 쓸 수 있는 표현이니까, 특별한 공연을 봤거나 멋진 쇼를 봤을 때도 쓰면 좋겠죠?

엘리베이터가 고장 났으니, 걸어가세요.

바로 듣기

주말에 아파트 엘리베이터가 고장 났는데, 그걸 모르고 한 외국인이 기다리고 있더라고요. 고장 났다는 걸 알려줘야 하는데, 영어가 나오지 않아 '엘리베이터 업다운 노노, 유 워킹! 오케이?' 이렇게밖에 해주지 못했네요. 순간 밀려들었던 부끄러움을 어떻게 해소해야 할지…… 올바른 표현 좀 알려주세요.

 솔직히 '엘리베이터 업다운 노노, 유 워킹, 오케이?' 이렇게 해도 알아듣지 않아?

 물론 알아는 듣죠. 근데 우리는 정확한 미국식 표현을 쓰기 위해 공부하는 거잖아요?

 그럼, 'Elevator has broken. You have to walk (엘리베이터가 고장 났어요. 걸어가셔야 해요).' 이건 어떨까?

 음……. 'The elevator is broken'이라고 해야 정확한 표현이고요. 'walk'를 쓸 거면, 'up'인지 'down'인지 방향을 정확하게 알려주는 게 더 좋겠죠?

▶▶ 그래서, 타일러가 준비한 표현은?

119

The elevator is broken. You have to use the stairs.

* **해석** 엘리베이터가 고장 났어요. 계단을 이용해주세요.

Check!

* The elevator is broken 엘리베이터가 고장 났어요
* You have to use the stairs 계단을 이용하셔야 해요

타일러 Tip

'Use the stairs'라는 표현에서 'use' 대신에 'take'로 바꿔 쓸 수 있어요. 'Take the stairs'도 자주 쓰는 표현이랍니다. 둘 다 기억해두세요.

손이 커서
어쩔 수 없었어요.

바로 듣기

손이 커서 음식을 하면 냉장고를 탈탈 터는 스타일이에요. 얼마 전에도 김밥 싸는 김에 많이 싸서 동료들 나눠줬더니, 외국인 직원이 부담스러워 하는 눈치더라고요. 이럴 때 내가 손이 좀 크다는 걸 어떻게 표현하면 좋을까요?

 큰 손이니까 'big hand' 아니겠지?

 만약 그 말을 쓴다면, 상대방도 자기 손을 내밀어서 맞대 볼 것 같아요.

 그럼, 'I couldn't control myself(난 내 자신을 컨트롤 할 수 없었어).' 이건 어때?

 해서는 안 되는 일을 한 것 같은 부정적인 느낌이 있어요. 사실 이 표현은 영어에서는 전혀 쓰이지 않아서 어떻게 해야 할지 고민을 많이 했답니다.

▶▶ 그래서, 타일러가 준비한 표현은?

051

I just can't help myself.

＊해석 나는 도저히 나 자신을 어떻게 할 수 없었어요/나도 어쩔 수가 없었어요(부족할까봐 더 준비하고, 많이 해주고 싶은 마음에 '어쩔 수 없이 이렇게 됐네?' 하는 느낌).

Check!

＊ I just can't help 나는 도저히 어떻게 할 수 없어요
＊ Myself 스스로를, 나 자신을

타일러 Tip

미국에서는 남을 위해 음식을 나눠주고 씀씀이가 큰 것을 마음씨가 예쁜 행동이라 보고 'generous(관대하네요)', 'too kind(너무 친절하네요)' 등의 말을 해줘요.

052

저희 영수증은 따로 주세요.

바로 듣기

패키지로 해외여행을 가요. 다른 여행객들과 밥도 같이 먹게 되었을 때 저희 영수증만 따로 받아서 계산하려면 어떻게 말하면 되나요?

 'Let's go dutch(각자 부담하자).' 이 표현은 어때?

 종업원한테 영수증을 따로 달라고 해야 하는 상황인데, 이건 일행들에게 따로 계산하자고 말하는 거예요.

 그럼, '나누다'는 뜻을 가진 'split'을 써서 'Let's split out!' 이건?

 오! 'split'은 좋아요. 하지만 'split out'은 말이 안 돼요. 'Let's split the bill'이라고 하면 같이 식사한 사람에게 따로따로 계산하자고 제안하는 거예요. 종업원에게 'Let's split the bill'이라고 하면, 종업원에게 식사값을 달라는 셈이라서 안 되겠네요.

▶▶ **그래서, 타일러가 준비한 표현은?**

123

052

Could we have separate bills please?

---

* **해석**　　영수증은 따로 받아도 될까요?

Check!

* Could we OO please 우리 OO 해도 될까요?
* Separate 분리된, 따로 떨어진
* Bill 영수증, 계산서

타일러 Tip

미국에서는 따로따로 계산하는 것이 일반적입니다. 한쪽이 먼저 다 내겠다고 하지 않으면, 각자 주문한 식사를 각자 내는 걸로 이해하시면 좋아요. 이런 문화가 있다 보니 다 내겠다고 하면, 매우 친절한 사람으로 받아들여서 사양하지 않고 바로 'Wow, thank you!'라고 할 가능성이 높기 때문에 빈말은 안 하는 게 좋아요.

053

도대체 지금 시간이
몇 시예요?

바로 듣기

해외여행을 가서 시차 적응이 안 돼 힘들어하다가 겨우 잠들었는데, 새벽 4시에 옆방 투숙객이 복도에서 너무 시끄럽게 떠들더라고요. 지금 시간이 몇 신줄 아냐고 한마디 하고 싶었는데… 'What time is it now?'밖에 생각이 안 나는 거 있죠? 뭐라고 말하면 좋을까요?

'Hey, what now are you doing(지금 뭐하고 있어요)?'

아, 접근은 좋아요! 그런데 무엇을 하고 있는지가 궁금한 게 아니잖아요. 시간에 대한 언급이 있으면 좋을 거 같아요.

'Do you know what time is it?(몇 신줄 아세요)?'
이건 어때?

엄청 가까워지고 있어요. 근데 이 표현은 상대에게 이 시간에 떠들다니 어이가 없다는 상황을 전하려는 본래의 의도와는 달리 공격적인 느낌만 줄 수가 있어요.

▶▶ **그래서, 타일러가 준비한 표현은?**

125

053

Do you have any idea what time it is?

* **해석** 지금이 몇 시인지 생각이 있나요?('지금 몇 시인지 몰라요?'라고 비꼬아서 말하는 것과
유사함)

Check!

* Do you have any idea **도대체 생각이 있나요?**
* What time it is **지금이 몇 시인지**

타일러 Tip

'Do you have any idea + (   )?' 이 표현은 크게 화를 내지
않아도 기가 막히고 어이없다는 느낌을 줄 수 있어요. 꾹꾹 참는
말투로 이 표현 뒤에 하고 싶은 말을 넣으면 되겠죠? 예를 들어
상대방이 노력을 인정해주지 않아 억울함을 감정적으로 어필할
때는 'Do you have any idea how hard I try?'라고 할 수
있고, 매우 비싸게 구한 귀한 물건을 상대방이 경솔히 다루다가
망가뜨려서 비난할 때는 'Do you have any idea how much
that cost?'라고 말하면 되겠죠! 상대방이 매우 중요한 회의에
늦었을 때 역시 'Do you have any idea how important this
meeting is?'라고 말하면 됩니다.

054

다 재밌으니까, 꾸준히 보세요.

바로 듣기

회사 바이어가 한국 드라마에 푹 빠져 있어요. 저한테 요즘 무슨 드라마가 재밌냐고 물어봤는데, 한국 드라마는 다 재밌으니까 1회부터 꾸준히 보라고 말해주고 싶었어요.

'Everything is funny(모두 다 재미있어요).', 'So keep it up(그러니까 쭉 그렇게 하세요).'

음, 미국식 사고로는 공과 사의 구분이 뚜렷한데, '꾸준히 해야 한다'는 건 주로 업무 같은 데 쓸 수 있겠죠. 'keep it up'을 써서 여가 시간에 꾸준히 꼼꼼하게 보라는 건 꼭 일을 시키는 느낌이 나요. 드라마를 보는 게 숙제 같은…….

▶▶ 그래서, 타일러가 준비한 표현은?

054

They're all good. I guess you just have to watch them all.

＊해석 다 좋아요. 그러니까 모두 다 봐야 될 것 같은데요(다 좋아서 어떤 것을 추천해야 할지 모르겠으니 쭉 다 보는 게 좋겠다는 표현).

Check!

* They're all good 모두 다 좋아요
* I guess 내 생각에 ~ 같아요
* You just have to watch them all 모두 다 봐야 해요

타일러 Tip

미국에서는 줄여서 발음하는 것들이 꽤 있어요. 그중 'them'은 'th-'를 빼고 발음을 하는 경우가 있는데요. 'them all'의 경우에는 'th-'를 빼고 '음올'로 발음하면 됩니다. 결과적으로 'em'이 되는 거죠.

산책도 할 겸
걸어갈까요?

바로 듣기

외국인 동료와 외근 나갈 일이 생겼어요. 회사에서 그리 멀지 않은 곳이라 차는 두고 산책도 할 겸 걸어가자고 말하고 싶은데, 어떻게 하면 되죠?

학창 시절에 많이 배웠던 표현인데 'Why don't you walk with me?', 'Can you walk with me?', 'Would you walk with me?' 이런 건 어때?

'Why don't you walk with me?'라고 하면 나랑 산책하기 싫은 건가 싶어서 왜 같이 산책하지 않느냐고 물어보는 거예요. 제안이 아니라 질문인 거죠. 조금 수정하면 제안의 표현이 되는데 'Why don't we walk?'라고 하면 돼요. 그런데 이 표현보다 조금 더 상황에 맞는 게 있어요. 지금 상황은 그냥 산책하러 가는 게 아니고, 목적지가 근처에 있으니 걸어서 가는 게 어떠냐고 물어보는 거잖아요?

▶▶ 그래서, 타일러가 준비한 표현은?

129

055

It's really close. Want to walk (there)?

---

* **해석**   진짜 가까워요. 걸어갈래요?

Check!

* It's really close 진짜 가까워요
* Want to walk? 걸어갈래요?

타일러
Tip

'~할 겸'이라는 표현은 영어로 옮기기 어려워요. 그냥 쉽게
접근해보세요. 뭔가를 제안할 때 '이것도 좋은데, 할래?' 같은
식으로 말해보면 어떨까요?

곤란하니까 묻지 말아주세요.

미국에 사는 먼 친척 동생이 한국에 들어왔는데, 자꾸 밤늦은 시간에 나가고 싶다고 하더라고요. 제가 보호자가 아니라 어떻게 해줄 수도 없고, 곤란한 부탁은 하지 말라고 말해주고 싶어요.

바로 듣기

'Please do not give me a hard favor(제발 어려운 부탁은 하지 말아줘)'

'hard favor'보다 'difficult favor'이 더 자연스러운데요. 그리고 'give favor'는 '편애한다'는 뜻이에요. 편애가 아닌 부탁을 말할 때 'give' 대신 'do'라는 동사를 쓰셔야 함을 일단 알아두세요. 그런데 미국식 사고로 비추어보면 부탁하는 게 아니라, 나를 불편한 입장에 처하게 하는 것이고, 내게 불편한 느낌을 안겨주는 것이기 때문에 그 느낌에 초점을 맞춰서 말해야 해요.

▶▶ 그래서, 타일러가 준비한 표현은?

131

I don't know how I feel about that.

* **해석**   그건 좀 잘 모르겠구나(억양이 중요. 정말 곤란하다는 느낌으로 말해야 함).

Check!

* I don't know 난 모르겠구나
* How I feel about that 그것에 대해 내가 어떻게 생각하는지

타일러 Tip

이 표현은 상대방이 불편한 걸 제안했고, 나는 그 제안이 불편하다는 걸 드러내며 하는 말이에요. 명확한 'no'의 의미가 담겨 있고요. 내가 보호자가 아니고, 그동안 교류가 많았던 것이 아니기 때문에 그런 결정을 쉽게 할 수 없겠죠. 비슷한 표현으로 'I don't think that's a good idea', 'How 'bout not('How about'에서 'a' 발음을 생략하는 경우가 많아요)'을 쓸 수 있어요.

못 먹는 음식이
있나요?

바로 듣기

구내식당에서 일을 하는데, 외국인 직원이 자꾸 반찬을 남기네요. 혹시 못 먹는 음식이 있어서 그런 건지 물어보고 싶은데, 어떻게 하죠?

 'Tell me you can't eat(당신이 먹을 수 없는 걸 말해줘).' 이렇게 하면 될까?

 'Tell me what you can't eat'이라고 해야겠죠? 그런데 이 표현은 질문이 아니라 명령이니까, 맞지가 않죠?

 그럼, 좀 어려운 단어를 써볼게. 'edible(먹을 수 있는)'을 써서 'Is it edible(이거 먹을 수 있니)?' 이건 어때?

 'Is it edible'이라고 하면, 상대방이 이걸 먹는지 안 먹는지를 물어보는 게 아니라, 일반적으로 어떤 사물에 대해 섭취가 가능한지 여부를 묻는 것이거든요. 그렇게 물어보면 돌과 오렌지를 보여주면서 어떤 것이 먹을 수 있는 것인지 물어보는 것과 같아요.

▶▶ 그래서, 타일러가 준비한 표현은?

Are there any foods you don't eat?

* **해석**　　당신이 안 먹는 음식이 있나요?

* Are there any foods 음식이 있나요?
* You don't eat 당신이 안 먹는

타일러 Tip

한국에서는 못 먹는 음식이 있냐고 물어보지만, 'don't eat'과 'can't eat'의 정확한 차이를 알아야 해요. 'don't eat'은 취향 등으로 본인의 의지에 따라 '안 먹는' 것이고요, 'can't eat'은 알레르기 유발과 같은 이유로 의지와 상관없이 먹지 못하는 것을 말하는 겁니다. 'don't eat'이 'can't eat'보다 범위가 넓고 문화적 다양성까지 포함하는 표현이라서 'don't eat'으로 물어보는 것이 좋습니다.

바로 듣기

그냥 솔직히 말해줘요.

외국인 친구가 너무 착해요. 직설적으로 말도 못하고 항상 돌려서 말하는데, 저의 새로 한 머리가 어떤지 그냥 솔직히 말해달라고 충고해주고 싶어요.

'Stop beating around the bush(돌려 말하지 마라).' 영어 공부 할 때 배웠던 문장이야. 정확하지?

맞아요. 너무 좋아요. 솔직히 이 표현도 생각했는데, 너무 교과서적인 표현이라 친구 사이에서는 잘 안 써요. 이런 말을 쓰면 왠지 정 떨어집니다.

그럼, 'Tell me straight.' 아니면, 'Can we get the straight?'

오오, 아주 좋아요. 후자가 좀 더 가까워요.

▶▶ **그래서, 타일러가 준비한 표현은?**

135

Just be straight with me, (이름/애칭/girl/man 등).

***해석**   그냥 솔직하게 (말)해줘요(뒤에 이름/애칭 등을 붙이는 건 친구 사이에 부드럽게 말하기 위함).

* Just be straight 그냥 솔직해져요
* With me 나에게

'straight'를 쓰는 표현을 좀 더 살펴볼까요?
상대방의 이야기를 내가 제대로 이해했는지 다시 반복하며
확인하고 싶을 때, '당신이 이 말 한 거 맞지?'라고 묻는 표현으로
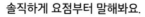
- 'Let me get this straight.'
솔직하게 요점부터 말해봐요.

- Get straight to the point.

그런 뜻으로 말한 게 아니었는데, 미안해요.

바로 듣기

우리말로도 정확한 의도가 전달되지 않아 오해를 살 때가 있는데, 영어로는 오죽하겠어요. 외국인 동료에게 그런 의도로 말한 게 아니었는데 오해를 하는 것 같아서 해명하며 사과하고 싶었어요.

 내가 미드를 많이 봐서 알아 'I didn't mean it. I'm sorry(나는 그것을 의미하진 않아. 미안해).'

 진짜 비슷한데, 조~금 아쉬워요.

▶▶ 그래서, 타일러가 준비한 표현은?

059

I'm sorry. I didn't mean it that way.

* **해석**   그런 식으로 말하려던 게 아니었는데, 미안해요.

* I'm sorry 미안해요
* I didn't mean it 의도한 것은 아니었어요
* That way 그런 식으로

타일러 Tip

'I didn't mean it'로 끝나면 의미가 명확하지 않아요. 무엇 때문에 미안한지가 없기 때문에 미안한 마음을 100% 전달하기 어렵죠. 그래서 'that way'를 꼭 붙여줘야 하는 거랍니다.

한 귀로 듣고,
한 귀로 흘려요.

바로 듣기

저희 사장님은 회의할 때마다 매번 같은 잔소리를 해요. 처음엔 신경도 쓰이고, 마음이 불편했는데 요즘은 익숙해져서 한 귀로 듣고 한 귀로 흘리거든요. 외국인 동료에게도 이 노하우를 전해주고 싶은데, 어떻게 말하죠?

뭔가 관용구 같은 표현이 있을 것 같은데…… 'First listen and then ignore(처음엔 듣고, 그다음은 무시해)!'

No!!!!!!!!!!!!! 말도 안 되는 표현이에요. 사람을 무시하라는 건 너무 무례한 표현이죠.

그럼, 'In put one ear, out put one ear'. 이건 어때?

훨씬 좋아요. 그런데 뭔가 컴퓨터에 대해 말하는 것 같아요. 하나의 값을 입력하고 하나를 출력하라는 말처럼 들려요.

▶▶ 그래서, 타일러가 준비한 표현은?

139

060

Let it in one ear and out the other.

---

* **해석**   한쪽 귀로 들어가게 하고, 다른 쪽으로 나가게 해요.

Check!

* Let it in one ear 한쪽 귀 안으로 들어가게
* Out the other 다른 쪽으로 나가게

타일러 Tip

'Let it'을 빼고 'In one ear and out the other'라고 하셔도 좋아요! 이렇게 생략법을 써서 말하는 것이 더 흔한 표현이라고 할 수 있겠네요

- 몸 생각해서 적당히 드세요.

- 거기 문 닫았어요.

- 필요한 거 있으면 뭐든 말해요.

- 완전 최고였어요.

- 엘리베이터가 고장 났으니, 걸어가세요.

- 손이 커서 어쩔 수 없었어요.

- 저희 영수증은 따로 주세요.

- 도대체 지금 시간이 몇 시예요?

- 다 재밌으니까, 꾸준히 보세요.

- 산책도 할 겸 걸어갈까요?

- 곤란하니까 묻지 말아주세요.

- 못 먹는 음식이 있나요?

- 그냥 솔직히 말해줘요.

- 그런 뜻으로 말한 게 아니었는데, 미안해요.

- 한 귀로 듣고, 한 귀로 흘려요.

- Too bad it's not good for you too.

- It's closed.

- Let me know if you ever need any help.

- Thank you so much, that was awesome.

- The elevator is broken. You have to use the stairs.

- I just can't help myself.

- Could we have separate bills please?

- Do you have any idea what time it is?

- They're all good. I guess you just have to watch them all.

- It's really close. Want to walk (there)?

- I don't know how I feel about that.

- Are there any foods you don't eat?

- Just be straight with me, (이름/애칭/girl/man 등).

- I'm sorry. I didn't mean it that way.

- Let it in one ear and out the other.

061

모두 다 비벼서 드세요.

바로 듣기

비빔밥을 좋아해서, 자주 가는 식당이 있는데요. 옆 테이블에 있던 외국인 손님이 어떻게 먹어야 할지 몰라 멀뚱멀뚱 쳐다보고만 있더라고요. 모두 다 비벼먹으면 된다고 말해주고 싶었는데, 보디랭귀지만 선보였네요.

 이건 알 것 같아. 'Just mix it(그냥 섞어요).' 아니야?

 너무 좋아요. 하지만 2% 부족한 느낌이에요. 뭔가를 더 추가해보세요.

 그럼, 함께 섞어서 먹으면 되는 거니까, 'Just mix it together.'

 와, 진짜 가까워졌는데…… 한 단어만 더 생각해보면?

▶▶ **그래서, 타일러가 준비한 표현은?**

061

Just mix it all together.

* **해석**   모두 다 섞으면 돼요.

Check!

* Just mix it 그냥 섞으세요
* All together 모두 같이

타일러 Tip

한국의 비빔밥뿐만 아니라, 다른 나라에서도 밥에 이것저것 넣어서
먹기도 하고, 빵이든 파스타든 재료를 섞어서 먹는 경우가 많아요.
그렇기 때문에 비빌 줄 아느냐, 모르느냐의 문제가 아니라 그렇게
해도 되는지를 몰라서 비빔밥을 먹을 때 주저하게 되는 거죠.
어떻게 먹는지 아는지 물으려고 'Do you know how to~'라고
말을 하면, 상대방은 기분이 나빠질 수 있어요. 운동 신경이나 지적
수준을 의심하는 듯한 뉘앙스가 있으니까요. 그래서 비빔밥을
비벼야 한다는 것을 설명할 때는 '그냥' 비벼 먹으면 된다는 것에
초점을 맞춰 'Just mix it all together'로 표현하는 게 좋아요.

한국어 배우는 건 어때요?

바로 듣기

딸이 다니는 유치원에 다문화가정 아이가 있는데요. 엄마들끼리 대화 나눌 기회가 있어요. 한국어는 배울 만한지, 한국말은 많이 늘었는지 물어보며 대화를 시작하고 싶은데, 어떻게 하면 될까요?

우리 예전에, '음식은 어때요? 먹을 만해요?' 이 표현 배웠잖아. 그때 표현을 응용해서 'Is learning Korean alright(한국어 배우는 건 괜찮아)?'

매우 비슷해요. 근데 그때 다른 표현도 하나 더 배웠는데 그건 기억 안 나요?

▶▶ 그래서, 타일러가 준비한 표현은?

How's learning Korean?

* **해석**　한국말 배우기는 어때요?

Check!

* How is 어때요?
* Learning Korean 한국말 배우기

타일러
Tip

가끔 영어를 잘하고 싶은데 어떻게 시작해야 할지 모르겠다는
분들이 많아요. 정확한 방법은 모르겠지만, 제가 한국어를 배울
때를 떠올려보면 영어와 한국어는 어순이 완전히 반대라서 말을
뒤에서부터 하려고 노력했어요. 예를 들어 오늘의 표현 '한국말
배우기 어때요?'를 말해야 한다면, '어때요? → 배우기 어때요? →
한국말 배우기 어때요?' 이런 식으로 순차적으로 작문을 해보는
거죠.

당신은 눈이 너무 높아요.

바로 듣기

시집 안 간 딸에게 잔소리 좀 했더니, 결혼은 하고 싶지만 마음에 드는 사람이 없대요. 답답한 마음에 네가 눈이 높아서 그렇다고 한마디 해주고 싶은데, 그럼 더 싸울 것 같고, 영어로는 좀 부드럽게 말이 나올까요?

 음, 나도 종종 듣는 말인데, 이럴 땐 그냥 'You have a high standard(넌 높은 기준을 갖고 있어).' 이러면 안 될까?

 우선 그 표현을 쓰려면 'You have high standards'라고 'standard'를 복수형으로 해야 돼요. 기대치가 높다는 뜻이죠. 근데 정확히 눈이 과하게 높다는 뜻은 아니에요. 한 번 더 시도해보세요.

 아!! 미국 드라마에서 본 표현이 생각났어. 'Out of your league(너의 리그 밖이야).' 이건 어때?

 이건 상대방 기분이 상할 수 있어요. 사람의 급을 따지는 듯한 뉘앙스를 주니까요. 이럴 때는 대놓고 말을 하기보다는 뭔가에 빗대서 표현하는 게 더 좋겠죠?

▶▶ 그래서, 타일러가 준비한 표현은?

147

063

You set the bar too high.

* **해석**   (턱걸이를 할 때) 당신은 봉을 너무 높게 설치했어요. 즉, 눈이 너무 높아요.

Check!

* You set the bar 당신은 봉을 설치했어요
* Too high 너무 높게

타일러
Tip

반대로도 응용할 수 있겠죠. 당신은 보는 눈이 너무 낮다고 할 때, 'You set the bar too low.' 오늘 표현은 연애할 때 사람 보는 기준을 말하는 상황에서뿐만 아니라 취업할 때 실력 이상의 높은 곳을 지원한다거나 그 반대의 경우에도 쓸 수 있어요.

열심히 하겠습니다. 뽑아주세요.

바로 듣기

반장 선거를 준비하고 있는데요. 영어로 멋지게 선거 유세를 하면 통할까요? 열심히 할 테니 꼭 뽑아달라는 표현은 어떻게 하면 될까요?

회사 면접 볼 때도 이런 말 많이 하잖아. 'I'll keep it up. You need to choose me(계속 이렇게 할게요, 날 뽑아줄 필요가 있어요).'

흠, 'I'll keep it up'이라는 말은 하고 있는 일을 계속 잘해 나가겠다는 뜻인데 선거 때 이 말을 하려면 이미 한 번 뽑혀서, 그 일을 한 적이 있어야 되겠죠? 그리고 'You need to choose me'라고 하면 당신이 나를 뽑아야만 한다는 뜻이라서 선거 때 이런 식으로 말하면 좀 거만해 보일 거예요.

아 그럼, 뽑아달라는 거니까, 아이돌 노래 있잖아. 'Pick me pick me pick me up!!!'

와우, 'Pick me'까지는 말이 되는데, 'up'까지 붙이면 '나를 꼬셔 달라'는 뜻이 돼버려요.

▶▶ 그래서, 타일러가 준비한 표현은?

149

I'll do my best. Pick me.

---

* **해석** 최선을 다하겠습니다. 뽑아주세요(앞에서 공약을 다 얘기하고, 마지막으로 이 표현으로 마무리하면 좋음).

Check!

* I'll do my best 최선을 다하겠습니다
* Pick me 나를 뽑아주세요

타일러 Tip

'pick me'라는 표현은 아주 어린아이들도 많이 쓰는 표현이라, 중요한 회의나 공식적인 자리에서 쓰면 조금 가벼워 보일 수 있어요. 그럴 땐 같은 의미를 가진 'choose(선택하다, 고르다)'를 쓰면 더 좋은데요. 'choose'가 너무 딱딱하게 들린다면, 'pick me'보다는 무게감 있고, 'choose'보다는 덜 딱딱한 'go with'를 쓸 수도 있어요. 'Go with + OO'라고 하면 'OO를 고르다'라는 뜻인데요. 식당이나 술집에서 메뉴 고를 때든, 선거에 출마하는 후보자를 고를 때든, 회사가 다음 분기에 시도할 사업 아이템을 선정할 때든, 언제든지 써도 되는 표현이니까, 기억해두세요.

065

입안에서 살살
녹아요.

바로 듣기

동네에 맛있는 빵집이 있어서, 외국인 친구에게도 자랑을 하고 싶더라고요. 빵맛을 설명할 때 입에서 살살 녹는다고 말해주고 싶은데 너무 어려워요!

이 표현은 배웠어. 너무 맛있을 때 'My mouth is watering(입에 침이 고인다).' 이건 어때?

좋은 표현이네요. 하지만 살살 녹는다는 건 아니죠?

'Delicious', 'Yummy', 이런 표현을 넘어서, 'The bread is ice cream(빵이 아이스크림이야)'

하하하. 빵이잖아요. 빵인데 아이스크림이라고요? 그럴 때는 차라리 'The bread tastes like ice cream(빵이 아이스크림 같은 맛이 나)'이라고 하면 되겠죠? 매우 창의적인 표현이긴 한데, 살살 녹는다는 의미를 잘 전달할 수 있을지 모르겠네요.

▶▶ 그래서, 타일러가 준비한 표현은?

151

It melts in your mouth.

* **해석**　　입안에서 녹아요.

* It melts 그건 녹습니다
* In your mouth 당신의 입 안에서

타일러
Tip

빵뿐만 아니라 초콜릿, 아이스크림, 솜사탕 등을 먹을 때도 많이
쓰는 표현이에요. 누군가가 해준 맛있는 음식을 먹고, 내 입에서
살살 녹는다고 칭찬해주세요. It melts in my mouth!!!

당신 눈에 콩깍지가 씌었네요.

바로 듣기

국제결혼을 한 누나에게 매형 어디가 좋아서 결혼했냐고 물었더니 '제임스 딘'을 닮았대요.
제가 봤을 땐, 전혀 아닌데……. 누나가 확실히 콩깍지가 씌었다고 말해주고 싶네요.

고백할 게 있어. 타일러 없을 때 번역기 한번 돌려봤어.
'눈에 콩깍지가 씌었네'라고……. 근데 'Snow has
blinded me.' 이렇게 나오는 거 있지? 하하하하.
'eye'인데 'snow'라니……. 근데 이 표현을 사랑으로
응용해봤어. 'Love has blinded me.' 이건 어때?

오늘 사연에 맞게 하려면, 우선 'me'가 아니라 'you'가
맞겠죠. 따라서 'Love has blinded you'가 더
어울리겠죠.

▶▶ 그래서, 타일러가 준비한 표현은?

066

Beauty is in the eye of the beholder.

* **해석**   아름다움은 보고 있는 사람의 눈 안에 있어요. 즉, 당신 눈 안에 사랑이 가득하네요.

Check!

* Beauty is in the eye 아름다움은 눈 안에 있어요
* Of the beholder 보고 있는 사람의

타일러
Tip

'콩깍지가 씌다'는 표현이 영어권에는 없어요. 굳이 이걸
영어로 바꾸면 부정적인 느낌이 날 수 있어요. 각자가 생각하는
아름다움과 사랑이라는 게 다를 수 있는데 사랑에 빠져서 현실
세계를 보지 못한다고 하는 거니까요. 이럴 때는 그냥 '너 그 사람
진짜 좋아하는구나!', '우와! 그 사람에게 푹 빠졌네.' 이런 식으로
바꿔 말하는 게 더 자연스럽고, 상대방의 취향을 인정하게 되는
거겠죠.

- Wow, you must really like him/her.
- Wow, you're really into him/her.
- Wow, you've got it bad for him/her.

해가 길어졌어요.

바로 듣기

겨울엔 해가 짧아 금방 어두워지니까 학원으로 딸아이를 데리러 가는데요. 이젠 해도 길어 져서 그렇게 어둡지 않다는 핑계로 집에서 쉬고 싶은데, 해가 길어졌다는 표현이 영어에도 있나요?

많이 들어본 표현이야. 'long'을 쓰면 되지 않을까요? 'The sun is getting longer.'

우와, 엄청 가까워요. 진짜 좋아요. 그런데 태양이 길어지는 게 아니겠죠.

그럼 해가 밝아진 거니까, 'The sun is getting brighter.'

에이, 그건 하지 마요. 더 멀어졌어요. 대화의 핵심적인 주제는 태양이 아니라 하루잖아요. 거기에 초점을 맞춰야겠죠.

▶▶ 그래서, 타일러가 준비한 표현은?

067

The days are getting longer.

---

* **해석**   날들이 점점 더 길어지고 있어요.

Check!

* The days are getting~ 날들이 ~되어가고 있다
* Longer 더 길어진

타일러 Tip

오늘 표현에서 'the days'를 단수형으로 써서 'The day is getting longer'라고 하면 '오늘이 길어지고 있다', '오늘은 힘든 날'이라는 뜻이 돼요. 그래서 복수형으로 써서 일반적인 날들(The days)을 표현해야 해요. 해가 짧아졌다고 하려면 'The days are getting shorter', 해가 길어진다고 하려면 'The sun sets late nowadays', 'The sun rises early nowadays' 이렇게도 할 수 있어요.

넉넉하게 담아주세요.

바로 듣기

친구들과 단체로 해외여행을 가서, 그곳 시장을 가게 됐는데요. 한국 아줌마답게 이것저것 사다 보니 상인과 수다가 길어졌고, 먼 데서 왔으니 넉넉하게 좀 담아달라고까지 말하고 싶어지더라고요. 혹시 영어에도 이런 표현이 있나요?

'Can I get a 덤?'

하하하. 'Can I get a dumb……?' 더 멍청해져도 된다는 말인가요?

그럼, 'Can I get some more and more please(조금 더, 그리고 좀 더 얻을 수 있을까요)?' 이렇게 하면 말이 될까?

사실은 이게 좀 어렵네요. 더 달라는 게, 미국 문화에서는 쉽게 요구할 수 있는 일이 아니다 보니까, 표현하기가 조금 어려워요. 그럴 땐 그냥 그걸 엄청 좋아한다고 표현한 다음에, 더 달라고 하면 어떨까요?

▶▶ 그래서, 타일러가 준비한 표현은?

068

I love OO. Please give me extra if you can.

* **해석**   OO가 너무 좋아요. 괜찮으시다면 덤을 더 줄 수 있나요?(extra는 라틴어로 '밖에', '정해진 것 이외의'라는 뜻으로 덤이라는 의미도 가능함)

Check!

* I love OO **OO가 너무 좋아요**
* Please give me extra **정해진 양 외에 추가/덤으로 주세요**
* If you can **괜찮으시다면**

타일러 Tip

미국을 포함해 많은 영어권 국가에서는 음식도 그렇고, 제품의 가격과 양이 정해져 있어요. 한국처럼 그냥 더 주는 문화가 없다 보니까, 더 달라고 할 때마다 영수증에 추가가 되는 거죠. 돈 안 내고 더 달라고 하려면, 아주 상냥하고, 많이 웃고, 얼마나 이걸 좋아하는지를 드러내면서 달래야 돼요. 하지만 아무리 그래도, 안 먹힐 확률이 높아요.

괜찮으니까, 들어와요.

바로 듣기

온천에 갔는데, 외국인 손님들이 너무 뜨거운지 발을 넣었다 뺐다만 하고 있었어요. 온천에 몸을 담그면 '시원~하다' 이런 말 많이 하잖아요. 피로가 싹 풀리니까 들어오라고 말해주고 싶은데 어떻게 하면 좋을까요?

'Cool, but not that cool. Come on in(시원해, 근데 시원하지 않을 수도 있어. 들어와).' 이런 느낌은 어때?

오오 좋아요. 'Come on in'이 좋아요. 대신, 앞에 한 말을 조금만 바꾸면 돼요.

'Well, I wanna say cool, but it's really hot(글쎄, 난 시원하다고 말하고 싶지만, 진짜 뜨거워).' 이렇게 해도 되나?

시원하다는 말을 꼭 쓰고 싶으면 'refreshing'을 써야겠지만, 이런 말은 잘 안 써요.

▶▶ 그래서, 타일러가 준비한 표현은?

159

069

Come on in,
the water's fine.

*** 해석**　　들어와요, 물 좋아요.

Check!

* Come on in **들어와요**
* The water's fine **물이 좋아요**

타일러
Tip

오늘 표현은, 매우 한국적인 사고에서 나오는 거죠. 영어권에서는
남이 어떤 행동을 하든 웬만하면 참견을 안 하는 게 좋으니까요.
온천에 있던 그분들은 발을 넣었다 뺐다 하는 게 고민이거나
어떻게 해야 할지 몰라서가 아니라, 자신이 물에 들어간다는 걸
표현하기 위해 그런 걸 수도 있을 테니까요.

물은 저쪽에
준비되어 있어요.

바로 듣기

미국에서 한인 식당을 하고 있는데요, 한국에서처럼 저희 식당에서도 물이 셀프예요. 물을 마시고 싶으면 앞쪽에 준비되어 있다고 외국인 손님들에게 어떻게 말하면 좋을까요?

'Water is right over there(물은 저쪽에 있어요).'
이렇게 하면 어때?

근데 생각을 해보세요. 미국엔 패스트푸드점 외엔 셀프 문화가 없으니까, 다짜고짜 '물은 저쪽에 있으니까 알아서 해', 이렇게 말하면 의아해할 수도 있어요. 서비스 받는 것에 익숙해져 있으니까요.

▶▶ 그래서, 타일러가 준비한 표현은?

You can help yourself to some water over there.

---

* **해석**   물은 저쪽에서 마실 수 있어요.

Check!

* You can help yourself~ **마음 편히 ~하세요**
* Some water **약간의 물**
* Over there **저쪽에서**

타일러 Tip

'Help yourself to OO'도 손님을 대할 때 흔히 쓰는 표현입니다. 집에 놀러 온 손님에게 이렇게 말하면, 자기 집에서처럼 편하게 필요한 걸 챙기셔도 된다는 뜻이에요. 식당이나 가게에서는, 부담 갖지 말고 자유롭게 하고 싶은 대로 해도 된다는 뜻이에요. 자발적으로 자기가 필요한 것을 챙겨도 되는 분위기라는 것을 알려주면서 부담을 덜어주는 거죠. 한국에서 쓰는 '물은 셀프'라는 표현은 'Get it yourself'에서 나왔을 것 같은데, 영어로 쓰면 매우 무례하니까, 오늘 표현을 꼭 기억해두세요.

성이 같지만,
가족은 아니에요.

바로 듣기

박보검 팬인 외국인 친구가 저와 박보검의 성이 같은 것을 알고는 가족이냐고, 도대체 무슨 사이냐고 물어보네요. 한국에서는 성이 같다고 가족은 아닌데…… 이럴 때는 뭐라고 설명 하면 좋을까요?

'We are not family(우린 가족이 아니야). But we have same family name(하지만 같은 성을 가지고 있어).' 이거면 되지 않아?

'We have the same family name.' 'The'를 빼놓지 않고 쓴다면, 맞는 표현이고 의미 전달도 돼요. 하지만 지금은 진짜 미국식 영어를 배우는 시간이잖아요? 더 간단하고, 쉬운 표현이 있어요.

▶▶ 그래서, 타일러가 준비한 표현은?

071

Same name, no relation.

---

* 해석　　이름은 같지만, 관계는 없어요.

Check!

* Same name 이름은 같아요
* No relation 관계는 없어요

타일러
Tip

파티에서 자기소개를 하는데, 같은 성을 가진 이성이 있어요. 그럼
미국에서는 부부가 같은 성을 공유하는 편이기 때문에 대부분의
사람들은 부부일 거라고 생각할 수 있겠죠? 그럴 때, 뒤에 자기
소개하는 사람이 'Same name, no relation'이라고 간단히
설명하면 돼요. 이름은 같지만 가족은 아니라고요. 근데 진짜
가족인데 장난을 치고 싶을 때도 이 표현을 써요. 능글맞게 말이죠.

164

072

(다양한 맞장구 표현)

바로 듣기

감정 표현에 서툰 한국인이다 보니, 외국인들처럼 자연스럽게 맞장구를 쳐주지 못할 때가 많아요. 원어민이 많이 쓰는 리액션 표현들을 알고 싶어요.

내가 잘 쓰는 리액션은 'Oh very good', 'Very nice', 'Oh my God', 'Wonderful', 'Awesome', 'Cool', 'Sweet'······.

좋아요. 다 쓸 수 있는 말이에요. 그런데 리액션의 기본을 놓친 것 같아요. 말보다 먼저 와야 하는, 말하기 직전에 내는 소리가 있잖아요. 한국어로 '어머어머', '이야', '와' 같은 반응이 필요하겠죠.

▶▶ 그래서, 타일러가 준비한 표현은?

Ah / Oh / Aw

* **해석**   아하 / 어휴 / 저런

Check!

* Ah 뭔가를 깨달을 때 (Ah, ok. 아~ 알겠어. 아~ 그랬구나.)
* Oh 기대하지 않았거나 마음에 들지 않을 때 (Oh gosh. 어휴, 아이쿠)
* Aw 아쉽거나, 안타까울 때 (Aw, no. 아⋯⋯ 어쩌면 좋냐.)

타일러 Tip

Ah, Oh, Aw를 먼저 내뱉은 후에, 아까 시도했던 그 말들을 붙이면 되겠죠?

Oh, wonderful! / Ah, yeah I see / Aw, man! 등등 마음껏 시도해보세요. 오늘의 표현은 팟캐스트로 억양도 꼭 확인해주세요.

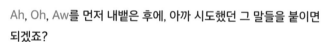

바로 듣기

고맙지만, 좀 부담스럽네요.

하루에도 몇 번씩 제가 뭐 하는지 물어보고 챙겨주는 외국인 친구가 있어요. 고맙긴 한데 가끔 숨이 막힐 때가 있어서, 나를 좋아해주는 건 고맙지만 좀 부담스럽다는 뜻을 어떻게 전달하면 좋을까요?

첫 번째 시도야. 'Thanks but no thanks(고맙지만 사양할게).' 이건 어때?

음 'Thanks but'까지는 좋았어요. 'Thanks but no thanks'라고 하면 거절의 느낌이 좀 강해요. 아마 미국 드라마에서 자주 볼 수 있을 텐데, 이성의 원치 않은 접근을 받았을 때 강력하게 관심 없다고 말하기 위해 쓰죠.

그럼 두 번째 시도. 'Thanks but it's a little bit burden(고맙지만 네가 약간 부담스러워).', 'burden(부담)'을 쓰는 건?

음 'burden'은 너무 강하고 무례해요. 과하다는 말을 하고 싶으면 차라리, 'much'를 써서, 'Thanks but it's a little bit much'라고 하면 정답이라고 할 수 있어요.

▶▶ **그래서, 타일러가 준비한 표현은?**

073

Thanks, but you don't have to do that.

---

* **해석**   고맙지만 그렇게까지 안 해도 돼요.

Check!

* Thanks, but **고맙지만**
* You don't have to do that **그렇게 하지 않아도 돼요**

타일러 Tip

이렇게 끝내기에 좀 미안하다면, 뒤에 'I can take care of it/this/that myself(제가 알아서 할 수 있어요)'를 덧붙여주면 좀 더 정중한 거절이 될 수 있겠죠?

위험하니까, 돌아가세요.

바로 듣기

도로 공사 현장에서 일을 하는데요. 관광지를 연결하는 도로가 일부만 개통한 적이 있었어요. 우회하거나 돌아가라고 안내해줘야 했는데 외국인 운전자에게 어떻게 말하면 좋을까요?

'Go back, go back······.' 할 수도 없고, 'It's dangerous(위험해요). So go round way(그러니까 돌아서 가세요).' 이건 어때?

사실은 'Go back, go back, it's dangerous'를 다 합쳐서 하면 되거든요. 단, 좀 급하게 들릴 뿐이죠. 그런데 'Go round way'는 말이 안 돼요. 'Go around' 하고 'Go another way'를 섞은 느낌이에요.

아니면, 'It's dangerous. Make a detour(위험합니다. 우회하세요).' 이건 어때? 'detour'가 '우회하다'는 뜻이잖아.

'detour'는 공사장에서 책임자들이 우회할 수 있는 길을 만들 것이라고 안내해주는 거예요. 근데 길을 지나가는 운전자가 그 우회로를 찾을 수 있는 건 아니죠.

▶▶ 그래서, 타일러가 준비한 표현은?

It's dangerous. You have to go another way.

* **해석** 위험해요. 다른 길로 가셔야 합니다.

Check!

* It's dangerous **위험해요**
* You have to go **가야 합니다**
* Another way **다른 길**

타일러 Tip

'have to'와 'should'를 쓸 수 있는 경우를 헷갈려 하는 것 같아요. 우선, 'should'는 가치평가예요. 옳고 그름, 그리고 해야 할 것과 하지 말아야 할 것의 차이인데, 오늘 표현은 어쩔 수 없이 그래야 할 수밖에 없는 일이라 'have to(해야만 한다)'가 되겠죠. 여러 가지 길 중에서, 이쪽으로 가는 게 더 빠르다는 등 가치를 평가할 때는 'should'가 되겠지만요.

이 그릇 좀 치워주세요.

바로 듣기

혼자 여행을 가서 이것저것 현지 음식을 시켰더니 테이블이 꽉 차더라고요. 필요 없는 그릇
은 좀 치워달라는 의미로 'This dish throw away'라고 했는데, 나중에 찾아보니 잘못된 표
현이더라고요. 치워달라고 할 때는 뭐라고 하죠?

그릇 좀 치워달라고 해야 하는데 표현을 모르면
우리나라에서는 그냥 내가 치우잖아. 'I'll do.' 이러기도
하거든. 아니겠지? 그럼 'This dish throw away', 이
표현도 나쁘진 않을 것 같은데?

일단은 순서를 바르게 해서 'Throw this dish away'가
되어야겠는데요. 'Throw away'라고 하면, 너무 맛이
없으니까 버리라는 뉘앙스예요. '이거 쓰레기예요,
버려요!' 이런 의미죠.

그럼 돌려 말해야지. 새 테이블로 만들어달라는 의미로
'Excuse me, could you set the new table?' 이건 어때?

정확한 표현이 되려면, 'the new table'이 아닌
'a new table'이 되어야 하겠지만…… 말은 통하긴
하는데 상대를 당황스럽게 할 수도 있어요. 자리를
바꾸고 싶다는 건지, 처음부터 다시 식사를 하겠다는
건지, 헷갈릴 수 있는 표현이에요.

▶▶ 그래서, 타일러가 준비한 표현은?

Could you take this away, please?

* **해석**   이거 저쪽으로 가져가주시겠어요? 즉, 치워주시겠어요?

Check!

* Could you~ ~해주시겠어요?
* Take this away 저쪽으로 가져가다

타일러 Tip

영어에도 '치우다'라는 단어는 있어요. 'clean'으로 번역하는 편이에요. 방을 치울 때 'Clean the room'이라고 하죠. 하지만 이 상황에서처럼 음식을 두고 'clean'이라고 하면 세제를 꺼내서 깨끗하게 치워달라는 느낌이 들어요. 맥락이 달라지면 의미도 달라지죠. 음식점 종업원이 하는 일은 그릇을 가져갈 뿐이기 때문에 '가져가서 청소해라'가 아닌 '이걸 가져가주세요'라고 말하면 되는 겁니다. 비슷한 표현으로, 'Could you take this, please?', 'You can take this'를 쓸 수 있어요.

061 ~ 075

- 모두 다 비벼서 드세요.

- 한국어 배우는 건 어때요?

- 당신은 눈이 너무 높아요.

- 열심히 하겠습니다. 뽑아주세요.

- 입안에서 살살 녹아요.

- 당신 눈에 콩깍지가 씌었네요.

- 해가 길어졌어요.

- 넉넉하게 담아주세요.

- 괜찮으니까, 들어와요.

- 물은 저쪽에 준비되어 있어요.

- 성이 같지만, 가족은 아니에요.

- (다양한 맞장구 표현)

- 고맙지만, 좀 부담스럽네요.

- 위험하니까, 돌아가세요.

- 이 그릇 좀 치워주세요.

- Just mix it all together.

- How's learning Korean?

- You set the bar too high.

- I'll do my best. Pick me.

- It melts in your mouth.

- Beauty is in the eye of the beholder.

- The days are getting longer.

- I love OO. Please give me extra if you can.

- Come on in, the water's fine.

- You can help yourself to some water over there.

- Same name, no relation.

- Ah / Oh / Aw

- Thanks, but you don't have to do that.

- It's dangerous. You have to go another way.

- Could you take this away, please?

시간 가는 게 아쉬워요.

바로 듣기

영어 회화 학원을 등록하고, 레벨 테스트를 받는데 생각했던 것보다 더 재밌고 시간 가는 줄 모르겠더라고요. 그래서 마지막에 '시간 가는 게 너무 아까워요'라고 말을 한다는 게 'Time waste'라고 해버렸어요. 바른 표현이 뭐죠?

지난번에 맞장구 표현 세 가지 배웠잖아. 그걸 하나 써볼게. 시간 가는 게 아쉬우니까, 'Aw'를 써서 'Aw, time flies when we are having fun(아, 당신과 즐거운 시간을 보낼 때 시간이 빨리 가요)' 혹은, 'Time flies like arrow(시간이 화살처럼 빨리 가요).' 이건 어때?

'Time flies like arrow.' 이 표현은 꼭 연극 무대 위에서 하는 말 같아요. 그리고 'Time flies when we are having fun' 역시 교과서에서나 나올 것 같은 딱딱한 표현이에요.

▶▶ **그래서, 타일러가 준비한 표현은?**

076

Aw man, time flies.

---

* **해석** 아~ 시간이 쏜살같아요.

Check!

* Aw man 아 친구여(아쉬울 때 쓰는 리액션)
* Time flies 시간이 쏜살같아요

타일러 Tip

지난번에 배운 리액션 표현을 써보기 위해 'Aw man'을 추가해본 거고요, 일반적으로 시간이 쏜살같다고 표현하고 싶을 땐 'Time flies'나 'I wish we had more time(우리가 좀 더 시간을 가지길 바라요)' 이렇게 표현하면 좋아요.

077

나도 신입이라,
잘 몰라요.

바로 듣기

취업한 지 얼마 안 됐는데, 외국인 동기가 있거든요. 근데 그 외국인이 제가 신입인 줄 모르고 이것저것 물어보는데, 저도 신입이라 잘 모른다고 말해주고 싶은데 이럴 때는 어떻게 말해주죠?

 신인을 'rookie'라고 많이 하잖아. 'I'm a rookie. I don't know.'

 'rookie'는 스포츠 경기에서 신인들에게 많이 쓰는 표현이고, 자기 자신에 대해 '나는 루키야'라고 하진 않아요. 그보다는 'newbie(새내기, 새로 온 사람)'가 더 많이 쓰여요.

▶▶ 그래서, 타일러가 준비한 표현은?

077

I don't know.
I'm new here too.

* **해석** 잘 몰라요. 저도 여기가 처음이에요.

Check!

* I don't know **나는 몰라요**
* I'm new here too **나도 여기가 처음이에요**

타일러
Tip

근데 표현의 순서를 바꿔서, 'I'm new here too. I don't
know'라고 하면 약간 불친절하게 들릴 수 있어요. '(비꼬듯이)
나도 여기 처음 왔는데 어떻게 알겠어요' 이렇게 들릴 수 있으니
영미권에서는 표현의 순서도 잘 생각해야 합니다.

078

엮지 좀 마
(귀엽게 투덜거릴 때).

바로 듣기

미술을 전공하는 남학생입니다. 미대에는 아무래도 여학생이 많다 보니 함께 작업하며 어울릴 일이 많은데요. 그럴 때마다 다른 과 친구들이 자꾸 놀려요. 그럴 때 엮지 좀 말라 고 말하고 싶은데 어떻게 하면 좋을까요?

 배배 꼬인 아이스크림이 있거든. 나를 꼬지 좀 말라는 의미로 그 단어를 써서, 'Don't screw me.' 이건 어떨까?

 헐~ 뭐라고요? 'screw'에는 여러 가지 의미가 있어요. 하나는 사람을 심하게 속여서 일을 망치는 거, 또 다른 하나는 밤에 하는 야한 일이에요. 'screw'라는 단어를 쓸 거면 전치사를 신경 써서 쓰는 게 좋아요.

▶▶ **그래서, 타일러가 준비한 표현은?**

179

Haha, funny funny.

* **해석**　하하, 웃고 있네(억양이 중요함. 하나도 안 웃긴다는 느낌으로, 귀찮다는 티를 내야 함).

Check!

* Haha 하하
* Funny funny 웃기네

타일러 Tip

가볍게, 귀찮다는 투로 엮지 좀 말라고 말할 때는 오늘의 표현을 쓰면 되지만, 도가 지나쳐서 좀 강하게 그만하라고 말하고 싶을 땐 'Stop trying, (+호칭). It's not like that(그만해. 그런 거 아니니까)'라고 하면 돼요.

또 앞에서 잠깐 나온 단어인데, 'screw'는 f로 시작하는 영어 욕설의 순한 말이에요. 'screw'와 관련된 표현들 몇 가지 알려드릴게요.

- to screw up 무엇을 망치다, 무엇을 망가뜨리다, 무엇을 고장 나게 하다, 무엇을 잘 안되게 하다
- to screw over 사람을 망하게 하다
- to screw with 사람을 놀리다, 사람을 속이다
- to screw ~ 밤에 하는 일을 ~와 하다

삐쳤어요?

바로 듣기

친구 엄마가 영어를 잘한다고 딸이 그러더군요. 그게 멋있어 보였는지 저한테도 영어 좀 해 보라는데 할 수가 있어야 말이죠. 그래서 저도 모르게 버럭 했더니, 삐쳐서 말을 안 하네요. 딸한테 '삐쳤니?' 이 말 정도는 영어로 해주고 싶은데, 안 될까요?

 삐쳤다는 말은 영어에 없다고 들었어. 그래도 한번 사전에서 찾아봤더니 'sulky'라고 나오는데 잘 안 쓰지?

 'sulk'라는 동사가 있는데 '(징징 짜면서) 왜 그랬어⋯⋯' 라고 말할 때나 기분이 상했을 때 쓰는 표현이에요.

 그럼, 삐친 건 화난 거니까, 'angry'로 가볼게. 'What makes you angry(무엇이 널 화나게 했니)?'

 애한테 그렇게 물어볼 거예요? 화가 난 사람한테, '너 왜 화났어? 왜? 왜?' 이렇게 자꾸 물으면, 더 화낼 수가 있어요. 그럴 땐 다른 길로 가보는 건 어떨까요?

▶▶ 그래서, 타일러가 준비한 표현은?

181

079

What's wrong?

＊ 해석 무슨 일이야? 뭐가 잘못됐어?

Check!

＊ What's 뭐가, 무엇이 ~ 이니?
＊ Wrong 틀린, 잘못된

타일러 Tip

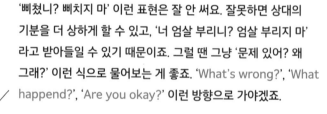

'삐쳤니? 삐치지 마' 이런 표현은 잘 안 써요. 잘못하면 상대의 기분을 더 상하게 할 수 있고, '너 엄살 부리니? 엄살 부리지 마' 라고 받아들일 수 있기 때문이죠. 그럴 땐 그냥 '문제 있어? 왜 그래?' 이런 식으로 물어보는 게 좋죠. 'What's wrong?', 'What happend?', 'Are you okay?' 이런 방향으로 가야겠죠.

080

당신이 필요할 때만 찾네요.

바로 듣기

미국에서 공부 중인 학생이에요. 시험 기간이었는데 평소엔 연락도 없던 친구가 연락을 해서는 시험에 대해 이것저것 물어보는데, 너무 얄미워서 '넌 네가 필요할 때만 찾더라' 이렇게 말해주고 싶은데 어렵네요.

필요할 때만 찾는 건, 날 이용하는 거니까, 'You always use me.' 이렇게 하면 안 될까?

틀리지 않은 표현이에요. 그런데 아주 직설적인 말이라, 조금 더 자연스러운 표현이 있을 거예요. 다시 한 번 생각해보세요.

다른 표현, '조종하다'라는 'manipulate'를 써서, 'You always manipulate me(넌 항상 날 조종하더라)' 이건?

쓸 수는 있죠. 근데 이것도 너무 대놓고 직설적으로 얘기를 하면, 말하는 사람이 유약하게 보이는 수가 있어요. 미국식 풍자를 한번 이용해보는 게 어떨까요?

▶▶ 그래서, 타일러가 준비한 표현은?

183

080

Well, I haven't heard from you in a while.

＊ 해석　　글쎄요, 저 한동안 당신으로부터 연락을 못 받았는데요.

Check!

* Well, I haven't heard 글쎄요, 저는 못 들었는데
* From you 당신으로부터
* In a while 한동안

타일러 Tip

이 표현을 말할 땐, 'you'에 악센트를 줘서 강조해야 합니다.
대놓고 '네가 필요할 때만 나 찾더라'라고 말하는 것보단,
이 표현이 더 상대방의 심리를 공격하는 말이 될 수가 있어요.

그 얘기는 나중에 해요.

바로 듣기

영어 스터디를 하는데 공부 시작하기 전에 자꾸 정치나 연예인 얘기로 시간을 잡아먹는 친구가 있어요. 스터디 할 시간도 빠듯한데, 그 얘긴 다음에 하는 게 어떠냐고 기분 나쁘지 않게 말하는 방법이 있을까요?

나라면 'Don't say that again(다신 그런 말 하지 마)'이라고 할 것 같아. 또 있어. 'Don't talk about it (그거에 대해선 말하지 마).'

우선 올바른 표현은 'Don't talk about that'이겠죠? 한 번 만나고 안 만날 사람이 아닌데 '다시는 그 말 하지 마!' 이렇게 말하면 분위기도 싸하게 만들 뿐 아니라 너무 무례한 것 아닐까요?

그럼 'Hey, it's not a good time talk about this topic (이 주제에 대해 얘기하는 좋은 시간이 아닌 것 같아).'

좋네요. 아주 좋아요. 이렇게 말하면 맥락에도 맞고 말도 되는데요. 그런데 제가 준비한 표현은 조금 더 짧고 간결해요.

▶▶ 그래서, 타일러가 준비한 표현은?

081

Let's save this(that) for later.

＊해석　　이 이야기는 나중을 위해 아껴두기로 해요.

Check!

* Let's save this(that) **이건(그건) 아껴둬요**
* For later **나중을 위해**

타일러 Tip

오늘 표현은 때와 장소가 안 맞을 때, 다음에 얘기하자는 의미라 어떤 상황에서든 쓸 수 있어요. 예를 들어, 명절날 가족들이 다 모였는데, 사귀는 사람 없냐고 누군가가 물어볼 때 아직 연애한다는 걸 밝히고 싶지 않다면 조용히 'Let's save this(that) for later'라고 말할 수 있겠죠. 그리고 비슷한 표현으로, 'This isn't the time or place for that'을 써도 좋아요.

186

082

여긴 쓰레기 버리는
곳이 아니에요.

바로 듣기

마트에서 장을 보는데, 휴지통을 찾지 못한 외국인이 카트 안에 쓰레기를 놔두고 가더라고
요. '여긴 쓰레기 버리는 곳이 아니에요'라고 해줬어야 했는데…… 그냥 제가 슬쩍 치웠네요.
이럴 때 뭐라고 말하면 좋을까요?

'Don't waste of the garbage(쓰레기 버리지 마세요).'
이 표현을 쓰고 싶지만. 타일러는 무례한 표현 안
좋아하지?

네, 별로 안 좋아하죠. 그런데 예의를 떠나서 'Don't
waste the garbage'는 쓰레기를 낭비하지 말라는
뜻이라서 무슨 말인지 모르겠네요. 다시 해보세요.

그럼 좀 돌려서 표현해볼게. 'Why don't you eat the
garbage(네가 이 쓰레기 먹는 게 어때)?

네? 쓰레기를 먹으라는 말은 미국에서 욕설하고
아주 비슷하게 들려요. 물론 욕하고 싶으면 마땅한
표현이겠지만, 이 상황에서는 '거기에 쓰레기를 버리시면
안 되는데요'라는 뜻이 담겨야겠죠?

▶▶ 그래서, 타일러가 준비한 표현은?

187

Excuse me, you can't leave your garbage there.

---

* **해석**　실례지만, 거기에 쓰레기를 남겨두면 안 됩니다.

* Excuse me 실례합니다
* You can't leave OO there 거기에 OO을 남겨두면 안 됩니다
* Your garbage 당신의 쓰레기

타일러 Tip

비슷하게 쓸 수 있는 표현, 하나만 더 알려드릴게요. 'Excuse me, you're not supposed to leave your trash there' 이 표현도 기억해두면 좋겠네요. '하면 된다', '하면 안 된다'를 영어 표현으로 옮길 때 'should'나 'should not'을 쓰려고 하죠? 그런데 'should'는 사회적으로 정해진 객관적인 규칙이나 규범을 말할 때 쓰이면서도 주관적인 뉘앙스를 담고 있어요. 그래서 'should'를 쓰기보다는 풀어서 설명해주는 게 좋아요.

이거 어디 제품이에요?

바로 듣기

커피를 시키면 딸기잼을 바른 토스트가 서비스로 나오는데, 딸기잼이 너무 맛있는 거예요. 이 딸기잼 어디 제품이냐고 묻고 싶은데, 뭐라고 하면 될까요?

첫 시도는 이렇게 해볼게. 'Where did you get that(그거 어디서 났어요)?'

그 질문에는 '백화점에서 샀어요'라고 대답하겠죠. 그렇다면 어디 제품이냐고 물어야 하는 질문에 맞는 답이 아니죠.

오케이! 그럼 두 번째 시도. 'Can you tell me which brand is(어떤 브랜드인지 말해줄래)?' 혹은 'Can you tell me what is brand like(브랜드가 어떤지 말해 줄래)?'

이 질문에는 브랜드만 말하게 되겠죠. 브랜드가 궁금하다면 'What brand is it?' 간단하게 물어보면 돼요.

▶▶ 그래서, 타일러가 준비한 표현은?

083

Who makes this(that)?

* **해석**   이거(저거) 누가 만들어요? (즉, 제품 브랜드나 디자이너를 묻는 말)

Check!

* Who makes 누가 만들어요?
* This(That) 이거(저거)

타일러 Tip

어느 회사 제품인지를 물어보는 게 아니라, 실제로 어디서 그 제품을 구했는지 묻고 싶으면 'Where did you get that?'이라고 하면 됩니다.

190

어차피 할 거, 지금 하세요.

바로 듣기

저희 남편은 너무 느긋합니다. 자동차 주유등에 불이 들어와도 미국까지 갔다 올 수 있으니 걱정하지 말래요. 어차피 주유를 해야 하는 거면 미리미리 하면 얼마나 좋을까요? 어차피 할 거, 지금 하라는 말, 있을까요?

이거 아닐까? 'Just do it. Stop lazy(그냥 하면 돼. 게으름 피지 마).'

'Just do it'은 좋아요. 근데 광고 카피 문구잖아요.

그래? 그럼, 'Just do do do do it.'

'just'는 확실히 좋아요. 그런데 '하다'인 'do'보다 '해놓다', '해내다'라는 뜻을 가진 다른 단어를 써보는 게 어떨까요?

▶▶ 그래서, 타일러가 준비한 표현은?

191

084

Might as well just get it done now.

---

* **해석**　　　그냥 지금 그걸 끝내는 게 좋겠어요.

Check!

* Might as well 하는 편이 낫다, 하는 게 좋아요(안 할 이유가
  없다는 뜻)
* Just get it done now 그냥 지금 그걸 끝내요

**타일러
Tip**

참고로, 'might as well'을 좀 더 설명하자면, '어차피 그렇게 할
거면(될 거면) ~ 안 할 이유가 없다'는 뉘앙스예요. 'might'는
원래 가능성을 나타내는데 이 조합으로 나왔을 땐 관용구같이
사용됩니다. 그러니까 '그래도 좋다'의 의미인 'might as well'은
외워두는 게 좋겠죠?
비슷하게 쓸 수 있는 표현도 함께 알아두면 좋겠죠!
- Might as well just get it done with while you're at it.
- Why not just get it done now?

(그 가게)
예전 같지 않아요.

바로 듣기

외국인 친구가 맛집 애플리케이션에 소개된 저희 학교 앞 맛집을 가보고 싶대요. 소개된 것처럼 진짜 맛있냐고 물어보는데, 예전엔 몰라도 지금은 초심을 잃은 것 같다고 솔직하게 말해주고 싶은데 어떻게 설명하죠?

나라면 'Not any longer than use to do(길 때만큼 길지 않아).'

문장 구조는 너무 좋아요. 그런데 왜 '길던 만큼 안 길다'라고 하는 거죠? 줄이 이제 안 길다는 건가요?

그럼, 'Is not any more than used to do(좋았던 때만큼 더 좋지 않아).'

아, 점점 가까워지고 있는데 여전히 조금 애매해요.

▶▶ **그래서, 타일러가 준비한 표현은?**

193

That place isn't as good as it used to be.

---

* **해석**　그곳은 좋았을 때만큼 좋지 않아요. 즉, 예전 같지 않아요.

Check!

* That place isn't~ 그곳은 ~하지 않아요
* As good as~ ~만큼 좋은
* It used to be (good) (좋았을) 때가 있었어요

타일러 Tip

이 표현은 주어를 바꿔서 어떤 상황에서든 쓸 수 있어요. 예를 들어, 어릴 땐 피아노를 잘 쳤는데 한참 연습을 안 해서 더 이상 못 치게 되었는데 어릴 때 친구들이 그 당시 잘 쳤던 곡 좀 쳐달라고 할 때, 'I'm not as good as I used to be(나 예전만큼 잘 치지 않아)'라고 하면 돼요. 또 예전에 한창 인기 있었던 축구 선수의 근황을 물어볼 때, 'He isn't as good as he used to be(그 선수 예전만큼 좋진 않아)' 이렇게 표현할 수 있어요.

086

그렇게 열심히
안 해도 돼요.

바로 듣기

저희 가족은 다 같이 영어 공부를 합니다. 서로 숙제도 내주고, 시험도 치는데요. 아내가 집 안일 하랴, 회사일 하랴, 영어 공부까지 하랴, 힘들어 하더라고요. 그런 아내에게 그렇게 열심히 안 해도 된다고, 어떻게 말해주죠?

먼저, 이렇게 해볼게. 'You don't need to work too hard(너무 열심히 일할 필요는 없어요).'

아, 좋은데요. 근데 공부를 하는 거지 일하는 것은 아니니까 조금 바꿔야겠죠?

그럼 다음 도전! 'You are gonna have another chance(다른 기회가 생길 거야).'

기회가 필요한 게 아닌데······. 처음 접근이 좋았어요. 특히 'too hard'라는 표현이 좋았어요. 그 부분을 이용해서 새로운 문장을 만들면 돼요.

▶▶ 그래서, 타일러가 준비한 표현은?

195

Don't push yourself too hard. Take it easy.

---

* 해석 너무 자신을 압박하지 말아요. 쉬엄쉬엄해요.

Check!

* Don't~ too hard **너무 열심히 ~하지 마세요**
* Push yourself **자신을 압박하다**
* Take it easy **쉬엄쉬엄해요**

타일러 Tip

이 표현은 정말 다양하게 쓸 수 있어요. 일할 때도 쓸 수 있고, 공부할 때도 쓸 수 있고, 뭔가에 심리적인 부담을 느낄 때도 쓸 수 있어요.

내 문자 씹혔어요.

바로 듣기

옛날 남자 친구에게 한밤중에 '자니?'라고 문자를 보냈다가, 무시당했어요. 친구가 연락 왔냐고 묻는데, 대꾸도 없다고, 문자 씹혔다고 말해줬는데, 외국인들도 이런 표현을 쓰나요?

'He has eating my message(그가 내 문자를 먹었어).'

하하하. 한국에서 문자를 '씹는다'는 건 알았는데 먹기까지 해요?

너무 1차원적인 표현이었지? 그럼, 'I think he dis me (내 생각에 그가 날 디스했어).'

한국에서 'dis'라는 말을 많이 쓰는데 실제로는 '상대방을 모욕하다'라는 뜻이에요. 그냥 문자 안 보내는 걸로 '디스'라고 보기에 좀 어려울 것 같죠?

그럼 단순하게 'He ignored me(그가 나를 무시했어).'

사실은, 이게 맞는 표현이죠. 근데 요즘 '읽씹'처럼, 미국에서도 이럴 때 쓰는 신조어가 있어요. 연락하다가 갑자기 아무런 통보 없이 연락이 끊길 때 쓰는 말이에요.

▶▶ 그래서, 타일러가 준비한 표현은?

He ghosted on me.

---

* **해석** 그는 나에게 귀신이 되어버렸어요(문자를 읽고 답이 없다는 신조어).

Check!

* He ghosted 그는 귀신이 되었어요
* On me 나에게

타일러
Tip

외국에서도, 헤어진 연인에게 '자니?'라고 문자메시지를 보내는
경우가 있어요. 근데 그걸 그대로 영어로 옮겨서 'Hey, are
you sleeping?(자고 있니?)'이라고 하지 말고, 'Hey, what's
up?(뭐해?)' 이러면 된답니다.
추가로 'to ghost on someone'이라고 하면 '누군가에게 귀신이
되다'란 뜻이랍니다.

환기 좀 시키세요.

바로 듣기

고기를 좋아하는 아내는, 집에서도 자주 고기를 구워먹는데요. 환기를 안 시켜요. 고기 냄새나는 게 좋다는데, 그래도 환기 좀 시키라는 말, 어떻게 해주면 될까요?

바람 좀 쐬자고 할 때, 'Let's get some air'라고 하잖아. 이건 어때?

말 그대로, '바람 좀 쐬자'잖아요. 환기를 시켜야죠. 근데 한국어에서는 '환기 좀 시켜'에서 목적어가 없죠? 영어에는 목적어가 필요합니다. 어디를 환기시키라는 건지, 'it'인지 'house'인지, 잘 생각해보세요.

그럼, 이렇게 해볼게. 'My house need some air(우리 집엔 약간의 공기가 필요해).'

많이 좋아졌어요! 확실히 통하고 맞는 말인데, 'My house needs to be aired out'이라고 해야 맞는 표현이 됩니다. 그런데 이것보다 더 직접적이고 간단한 표현이 있어요.

▶▶ 그래서, 타일러가 준비한 표현은?

088

Air out the house.

---

* **해석**　집 좀 환기시켜요.

* Air out 환기시켜요, 공기를 내보내요
* The house 집을

타일러 Tip

Air out만 외워두고, 그 뒤에는 어떤 장소든 붙이면 되겠죠.
- Air out the car. 차 안 환기 좀 시켜.
- Air out the room. 방 안 환기 좀 시켜.

헐~(기가 막힘)

바로 듣기

아재개그를 좋아하는 남자 친구에게 웃어주기 힘들 때가 많아요. 재미도 없고, 기가 막혀서 할 말을 잃을 때, 우린 '헐~~~' 이런 표현을 쓰는데 영어에도 비슷한 말이 있을까요?

 'Her(허얼~).'

 정말 헐이네요. 근데 영어에는 이런 상황에서 쓸 수 있는 표현이 너무 많아요. 다양하게 생각해보세요.

 음, 미드에서 본 것 같아. 'What the what(뭐라고)?' 이건 어때?

 해도 되긴 하는데, 오늘의 상황부터 다시 한 번 생각해볼까요? 상대가 아재개그를 했는데, 너무 썰렁하니까 기가 막혀서 나오는 '헐~'이잖아요. 썰렁할 때 쓸 수 있는 표현을 찾아야죠.

▶▶ 그래서, 타일러가 준비한 표현은?

089

Hah! Hah, yeah.

---

* **해석**   하! 하, 그래.

Check!

* Hah! (첫 번째는) 억지로 웃어주는 '하!' 강하게
* Hah (두 번째는) 다신 못 들어주겠다는 듯 '하' 약하게
* Yeah 귀찮다는 듯 끌어주는 '예에'

타일러 Tip

근데 오늘 표현은 다른 상황에서의 '헐'에 쓰면, 안 맞을 수도 있어요. 미국식 영어에서는 단어가 아닌 소리를 자주 내고, 아무런 의미가 없는 단어들의 억양을 살짝 바꿔 의미를 다르게 부여합니다. 상황마다 다시 한 번 생각할 필요가 있어요. 오늘의 표현은 팟캐스트로 억양도 꼭 확인해주세요.

090

갚은 걸로 해요
(쌤쌤으로 해요).

바로 듣기

지난번 가족 모임 때문에 대신 제 수업을 해주셨던 원어민 선생님이 있는데 이번엔 제가 그 선생님의 부탁을 들어주게 됐어요. 너무 고마워하기에 그러지 말고 지난번이랑 쌤쌤으로 하자고 하고 싶은데, 이거 콩글리시죠?

아무리 콩글리시라고 하지만, 'I think it's same same.' 이러면 알아듣지 않을까?

그렇게 하면, '그저 그래요'라고 알아들을 거예요. '쌤쌤'이라는 표현은 영어에 없어요.

그럼 짝수라는 뜻의 'even'을 써서, 'Okay, we are even(우리 비겼어).'

'even'은 매우 잘 생각했어요. 근데, 'We are even'이라고 하면, '갚았다고 하자! 갚았다고 치자!' 이런 뜻이 안 돼요. 동사가 바뀌어야 될 것 같아요.

▶▶ 그래서, 타일러가 준비한 표현은?

203

Let's call it even.

* **해석**　점수가 같은 걸로 칩시다! 즉, 갚은 걸로 쳐요.

Check!

* Let's call 불러요, 쳐요
* Even 짝수

타일러
Tip

미국식 영어에서 'Let's call it~'을 자주 씁니다. 오늘의 표현도
물론이고요. 'Let's call it off(그만하는 걸로 하자, 취소하자,
그만두자)', 'Let's call it a day(여기까지 일하고 집에 가자,
퇴근하자)' 'Let's call it a deal(앞에서 말한 조건에 따라
합의하자, 합의 보는 걸로 하자, 약속하자)' 기억해두면 좋겠죠?

- 시간 가는 게 아쉬워요.

- 나도 신입이라, 잘 몰라요.

- 엮지 좀 마(귀엽게 투덜거릴 때).

- 삐쳤어요?

- 당신이 필요할 때만 찾네요.

- 그 얘기는 나중에 해요.

- 여긴 쓰레기 버리는 곳이 아니에요.

- 이거 어디 제품이에요?

- 어차피 할 거, 지금 하세요.

- (그 가게) 예전 같지 않아요.

- 그렇게 열심히 안 해도 돼요.

- 내 문자 씹혔어요.

- 환기 좀 시키세요.

- 헐~(기가 막힘)

- 갚은 걸로 해요(쌤쌤으로 해요).

205

- Aw man, time flies.

- I don't know. I'm new here too.

- Haha, funny funny.

- What's wrong?

- Well, I haven't heard from you in a while.

- Let's save this(that) for later.

- Excuse me, you can't leave your garbage there.

- Who makes this(that)?

- Might as well just get it done now.

- That place isn't as good as it used to be.

- Don't push yourself too hard. Take it easy.

- He ghosted on me.

- Air out the house.

- Hah! Hah, yeah.

- Let's call it even.

돈 굳어서 좋겠어요.

바로 듣기

저희 학교에 원어민 선생님이 있는데요. 헤어스타일이 참 멋져요. 어느 미용실 다니는지 궁금해서 물었더니, 원래부터 곱슬머리라서 관리를 안 한다고 하네요. 그게 너무 부러워, '돈 굳어서 좋겠다~'라고 말해주고 싶은데 가능할까요?

 '돈이 굳다'에 초점을 맞출 게 아니라 의미를 풀어서 생각해봐야겠어. '넌 돈 쓸 필요가 없어'라는 의미니까 'You don't need to pay anything.' 혹은 'You don't need to pay when you go to beauty-salon.'

 근데 오늘 상황이 '돈 굳어서 좋겠다!'인데 그 돈을 안 쓴다는 게 어떤 의미인지, 어떤 점이 좋다는 것인지 생각해보세요.

 아아 알겠다! 'You can save your money(넌 네 돈을 절약할 수 있어)!'

 맞아요. 'You can save your money'로 가는 게 좋아요. 아주 '미국스러운' 표현인데요. 제가 조금 살을 붙여볼게요.

▶▶ 그래서, 타일러가 준비한 표현은?

207

091

It's great you can save money.

---

* **해석**   돈을 아낄 수 있어서 좋겠어요.

Check!

* It's great 훌륭해요, 좋겠네요
* You can save money 당신은 돈을 아낄 수 있어요

타일러 Tip

오늘의 표현을 위해서는 무엇보다 한국어를 영어로 그대로
옮기려는 생각에서 벗어나야 해요. '돈이 굳다'가 정말 딱딱하게
굳는 게 아니라, 돈을 쓸 필요가 없다 보니 절약을 할 수 있게
된다는 쪽으로 방향을 잡아야겠죠?
'It's great you can save money'와 같은 문장 구조를 다른
상황에도 사용할 수 있어요. '~ 할 수 있어서 너무 좋다'라는
뜻이니까, 'It's great you can ~' 다음에 뭐가 좋은지를 얘기하면
되죠. 예를 들어서, 휴가 갈 수 있어서 너무 좋겠다고 하고 싶으면,
'It's great you can go on vacation'이 되겠죠?

제가 저녁 대접할게요.

바로 듣기

저 이번에 우수 사원으로 뽑혔어요. 동료들에게 축하도 많이 받았답니다. 기쁜 마음에 저녁을 쏘려고 하는데, 해외영업부 직원들도 초대하고 싶거든요. 이럴 때는 어떻게 말을 하면 좋을까요?

 이 표현은 자신 있어. 저녁은 내가 낼 거야. 'Dinner is on me!'

 좋아요. 아주 좋아요. 정답에 포함된 표현이에요. 근데 우선 제안을 해야죠.

 제안이라면, 'Why don't you······'

 잠깐만요! 'Why don't you~'는 너무 옛날 표현이에요. 그냥 자연스럽게 '~하자'라고 제안해보세요!

 알겠어. 'Let's have dinner is on me.'

 거의 다 왔어요. 90% 정도 맞혔어요.

▶▶ 그래서, 타일러가 준비한 표현은?

209

092

Let's go out for dinner, it's on me.

* **해석**　저녁 먹으러 나가요, 제가 쏠게요.

Check!

* Let's go out 밖에 나가요
* For dinner 저녁 먹기 위해
* It's on me 제가 쏠게요

타일러 Tip

한국만큼 외식을 많이 하는 나라가 따로 없는 것 같아요. 한국에서는 내가 저녁을 쏘겠다고 하면, 당연히 외식을 의미하죠. 그래서 단순히 'Let's have dinner'라고만 하면, 집에서 저녁을 먹겠다는 건지, 외식을 하겠다는 건지, 분명치가 않아요. 그래서 정확하게 'go out'을 써주면 좋겠죠. 반대로, 집에서 저녁을 대접하고 싶다면 'Let's have dinner at my house!'라고 하면 됩니다.

야식 먹을래요?

바로 듣기

저희 가족은 야식 배달시켜 먹는 걸 너무 좋아해요. 집에 조카가 외국에서 와 있는데 괜히 저희만 먹으면 눈치도 보여서요. 같이 먹자고 어떻게 말을 걸어야 할지 몰라 야식 먹는 걸 참고만 있네요. '야식 먹을래?' 어떻게 물어보면 좋을까요?

야식이라고 'Night food', 이런 단어들은 안 쓸 것 같고……. 예전에 '한잔 더 할래?'라는 표현으로 'Wanna grab a beer?'를 배웠잖아. 그걸 응용해서 'Wanna grab a snack?', 이건 어때?

음, 말이 안 되는 건 아니지만 그냥 자연스럽게 '뭐 좀 먹을래?'라고 물어보는 게 좋을 것 같아요.

오케이! 그럼 'Do you wanna eat(먹길 원하니)?'

와우, 점점 더 가까워지네요! 그런데 Eat what? 뭘 먹자는 거죠? 목적어를 하나 추가해보면 어떨까요?

▶▶ 그래서, 타일러가 준비한 표현은?

093

Wanna get something to eat?

---

* **해석**   뭐 좀 먹을래요?

Check!

* Wanna = Want to **원해요?**
* Get something to eat **뭔가 먹을 것**

타일러 Tip

'야식'이란 뜻의 영단어로 'midnight snack'이 있긴 한데 잘 안 써요. 그마저도 부엌에서 간단하게 재료를 꺼내 먹는 거예요. 한 끼 식사로 거창하게 먹는 게 아니라 정말 아주 조금 먹는 거라 한국에서 말하는 일반적인 야식의 의미와 매우 다르답니다.

094

에이, 비행기 좀 그만 태워요.

바로 듣기

<진짜 미국식 영어>에서 배운 표현들을 외국인 친구들에게 써먹었더니 너무 훌륭하다고 칭찬이 이만저만 아니네요. 우리나라 사람들은 칭찬을 많이 받으면 민망해하며 '에이~ 비행기 좀 그만 태워!' 이러잖아요. 영어에도 이런 말이 있을까요?

 'air plane', 'air craft', 안 들어가지?

 당연히 안 들어가죠! 미국식으로 생각하세요.

 흠, 비행기 태운다는 건 좋은 말만 해주며 아부하는 느낌이니까, 예전에 배운 '아부쟁이'라는 뜻의 'brown noser'를 써보면 어떨까? 'You are brown noser (넌 아부쟁이야).'

 이건 상대방에게 너무 무례한 말이네요. 칭찬해줬는데, '아부쟁이'라는 말을 들으면 기분이 안 좋을 것 같아요.

▶▶ 그래서, 타일러가 준비한 표현은?

094

Oh, stop. Nah, you're being too nice.

* **해석**   오, 그만하세요. 너무 착한 거 아니에요?

Check!

* Oh, stop 그만하세요
* Nah, you're being too nice 너무 착하시네요

타일러 Tip

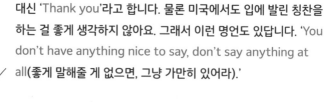

진짜 미국식 사고라면, 칭찬을 받았을 때 비행기 태우지 말라는 말 대신 'Thank you'라고 합니다. 물론 미국에서도 입에 발린 칭찬을 하는 걸 좋게 생각하지 않아요. 그래서 이런 명언도 있답니다. 'You don't have anything nice to say, don't say anything at all(좋게 말해줄 게 없으면, 그냥 가만히 있어라).'

095

참 눈치 없네요.

바로 듣기

모임에 나갔는데 왜 우리 애는 결혼 안 하냐고 눈치 없이 물어보는 친구가 있었습니다. 안 그래도 속상해 죽겠는데, 옆에서 계속 훈수 두는 친구에게 '너 참 눈치 없다'고 강하게 한마디 해주고 싶었네요.

 매너가 없는 거니까, 'Oh your no manners.'

 정확한 문장이라면, 'Oh you have no manners'가 되어야 하겠죠? 그런데 매너와 눈치는 좀 다른 거잖아요. 사실 눈치라는 말이 영어에는 없어서 이 표현은 바꾸기가 정말 어려웠어요.

 힘들었을 것 같아. 아니면, 센스가 없는 거니까, 'You are no sense.'

 영어의 'sense'는 그런 의미가 아니라 '오감'을 말해요. 한국말의 '센스 있다'처럼 쓰려면 'fashion sense'처럼 다른 명사와 같이 써야 돼요. 영어로 눈치와 가장 가까운 표현은 아마 'to be sharp'일 거예요. 날카롭다는 뜻으로, 어떤 사람의 눈치가 빠르다는 말도 되거든요. 눈치가 없다고 하려면 그 반대되는 말을 생각해보는 게 어떨까요?

▶▶ 그래서, 타일러가 준비한 표현은?

You're so dense.

* **해석** 당신은 너무 센스가 없어요, 멍청해요.

* You're so~ 당신은 너무 ~하네요
* Dense 밀도가 높은, 농도가 높은, 멍청한

타일러 Tip

오늘 표현은 싸우자는 뉘앙스가 들어가 있기 때문에 쓸 때 매우 조심해야 해요. 무례한 표현이에요. 웬만해선 쓰지 않는 게 좋겠지만, 어쩔 수 없이 써야 한다면 비슷한 표현으로 'You're so tactless(너 참 요령 없다)'도 기억해두세요. 그리고 영어에 '눈치 없다'는 말은 없지만, '눈치를 채다'라는 표현으로 'catch a drift'가 있어요. 하지만 이 표현도 너무 어려워서, 미국인들도 잘 안 쓴답니다.

우리 딸 정말 못 말려요.

바로 듣기

저희 딸이 참 웃깁니다. 딸아이인데, 아무 때나 개다리 춤을 추면서 사람들을 웃겨요. 그런 딸 때문에 괜히 민망해질 때, '에휴~ 쟤 아무도 못 말려요'라고 말하며 민망한 상황을 극복하고 싶은데, 가능할까요?

옷을 말리고 안 말리고…… 'Can't dry', 이런 거 아니지? 솔직하게 말할게. 이번 건 접근도 못하겠어.

아니에요, 할 수 있어요. 쉽게 생각해보세요. 못 말리는 건 멈추게 할 수 없다는 의미니까, 's'로 시작하는 단어 있잖아요.

아~ 'stop?' 그럼, 'I can't stop her(나는 그녀를 멈추게 할 수 없다).'

매우 근접하네요. 근데, '내가 멈출 수 없다'가 아닌, '그녀를 멈추게 만들 것이 없다'는 식으로 말해보는 게 어떨까요?

▶▶ 그래서, 타일러가 준비한 표현은?

096

There's no stopping her.

＊해석　아무(무엇)도 그녀를 멈추게 할 수 없어요.

Check!

＊ There's no 아무(것)도 없다
＊ stopping her 그녀를 멈추게 하는 것

타일러 Tip

Stopping이 동명사이기 때문에, Can/Can't가 아니라 있다/없다로 가야 하는 거죠. 그래서 No를 쓴 거예요.
오늘 표현은 주어를 다양하게 해서 표현할 수 있는데요. 예를 들어, 'There's no stopping me(나를 말릴 수 없어)'처럼 다양하게 접근이 가능하답니다.

097

해도 해도 너무하네요.

바로 듣기

우유부단해서 거절을 못하는 성격이에요. 동료들 일을 도와주느라 제 일을 못 할 정도인데, 언젠가는 '이건 해도 해도 너무하잖아요!'라고 당당히 말하고 싶어요. 써먹을 수 있게 도와 주세요!

해도 해도 끝이 없다는 건 한계점이 없다는 거니까, 'There's no limited(한계점이 없니)?' 이건 어때?

한계를 생각하는 것보다 여태 한 걸로 충분하다는 식으로 생각해보는 게 어떨까요?

아! 최화정 씨가 많이 쓰는 표현이야. "그만해, 작작해!"를 'Enough is enough.'

'enough'를 생각해낸 건 잘했어요. 하지만 그 표현은 '야! 그만해!!' 혼내고 야단치는 느낌이 있어요.

▶▶ **그래서, 타일러가 준비한 표현은?**

097

You just can't get enough, can you?

---

* 해석 당신에겐 충분하지 않죠, 그렇죠?(충분하지 않아서 계속한다는 의미로 '해도 해도 너무 하다'는 의미도 전달)

Check!

* You just can't ~ 당신은 그저 ~하지 못하죠?
* Get enough 충분하게 되다
* Can you? 그렇죠?

타일러 Tip

오늘 표현은 주어만 바꿔서 여러 상황에서 쓸 수 있어요.
- He just can't get enough, can he? 그는 정말 해도 해도 너무해.
- They just can't get enough, can they? 그들은 해도 해도 너무해.

마지막 부분 'can you?', 'can he?', 'can they?'는 끝을 내려서 말해야 해요. 그래야 좀 더 무게감 있게 전달되어 정말 화가 났다는 걸 보여줄 수 있거든요. 비슷한 표현으로 'It never stops with you, does it?'도 있습니다.

그런 말 안 해도 돼요.

바로 듣기

영어 공부를 하려고, 스마트폰에 채팅앱을 깔고 외국인과 대화를 나누는데요. 영어 잘한다고 격려를 많이 해줘요. 그럴 때마다 'Thank you'라고는 하는데, 너무 식상한 것 같아요. 칭찬 받았을 때 좀 더 다양한 답변이 없을까요?

'Thank you for think me nice(나를 좋게 생각해줘서 고마워)' 이건 어때?

문장 구조는 좋은데, 조금 수정할 필요가 있어요.

그럼, 'Thank you very much, I really appreciate(너무 고마워요. 정말 감사해요).'

그건 끝에 'it'을 덧붙여야 문장이 완성되는데, 엄청 큰 부탁을 상대방이 들어줬을 때 해주는 인사말 같아요.

▶▶ 그래서, 타일러가 준비한 표현은?

You don't have to say that.

＊해석 그런 말씀 안 하셔도 돼요(말끝을 끌면서).

Check!

＊ You don't have to~ 당신은 ~하지 않아도 돼요
＊ To say that 그렇게 말을 하다

타일러 Tip

이전에 영어 리액션에 대해 배웠잖아요. 오늘 표현을 쓸 때 아쉬움이나 안타까움을 나타내는 'Aw'를 먼저 써서, 'Aw, you don't have to say that!' 이렇게 쓰면 더 좋겠죠. 'Thank you' 말고도 칭찬에 대한 답변으로 'That's kind of you', 'That's too kind' 등등 다양하게 쓸 수 있어요.

099

와, 딸기 좋네요.

바로 듣기

딸기를 사서 집으로 돌아오는데, 옆집에 사는 외국인 아주머니와 엘리베이터 앞에서 딱 마주쳤어요. 근데 그분도 저랑 같은 딸기를 샀더라고요. 딱히 할 말도 없고, 서먹서먹한 분위기일 때, 뭐라고 말을 꺼내면 좋을까요?

나라면, 이렇게 말을 걸 것 같아. 'Hi, how are you? How's it going? Wow! You bought strawberry. Is it delicious?'

앞에 표현은 좋았는데, 딸기를 복수형으로 해서 'strawberries'라고 해야 하고요. 그리고 똑같이 딸기를 사 가는 길인데 아직 먹어보지 않은 딸기가 맛있냐고 물어보는 건 말이 안 되죠?

그럼, 'Hey, is it strawberry? You know what, I love strawberry.'

'Are those strawberries?'라고 하시면 더 자연스러워요. 근데 시도는 좋았지만, 대뜸 '나 딸기 좋아해요'라고 말하는 건, 좀 오버죠.

▶▶ 그래서, 타일러가 준비한 표현은?

223

Oh!(Wow!) Nice strawberries.

---

* **해석**   오!(와우!) 딸기가 좋네요.

Check!

* Oh!(Wow!) 오!(와우)
* Nice strawberries 딸기 좋네요

타일러 Tip

미국 문화에서는 상대방과 뜬금없이 대화를 하고 싶을 땐, 간단한 칭찬의 말을 던지는 게 제일 좋아요(단, 외모 같은 것에 대해서는 언급하지 않는 게 좋겠죠?). 보통 이렇게 말을 시작하면, 상대방이 'Thank you'라고 대답을 할 거고, 거기서 대화를 더 이어가고 싶다면 '어디서 사셨어요? 딸기가 제철이죠?' 같은 말을 덧붙이면 돼요. 하지만 상대방이 말을 안 하고 싶어 하면, 거기서 대화를 끊는 게 좋아요.

고소한 맛이 나요.

바로 듣기

요리사입니다. 가끔 저희 식당에 외국인 손님이 오는데, 참기름을 보고 무슨 맛이 나는지 묻는데요. 곡물을 짠 것이라 고소한 맛이 나는데, 고소한 맛이라는 표현도 있을까요?

고소한 거니까……. 'This is so sweet.'

'sweet'는 달콤하다는 말이니까, 고소한 거랑은 의미가 다르죠.

정말 모르겠어. 그냥 '소송을 제기하다, 고소하다'는 뜻인 'sue'를 쓰는 건? Just kidding~

하하하. 어렵죠? 저도 고소한 맛을 참기름을 먹으면서 알게 된 거라서 영어로 어떻게 표현해야 하는지 어려웠어요. 영어에 똑같은 의미를 가진 단어는 없지만, 그나마 비슷한 맛을 가진 뭔가에 빗대어 전달할 수 있지 않을까요?

▶▶ 그래서, 타일러가 준비한 표현은?

This tastes a bit nutty.

* **해석**　이건 견과류스러운 맛이 나요(즉, 고소해요).

* This tastes~ 이건 ~한 맛이 나요
* a bit nutty 약간 견과류스러운

타일러
Tip

비슷한 표현으로 'This has a nutty flavor(이건 견과류 풍미가
나요)', 'This has a nutty taste(이건 견과류 맛이 나요)'를 쓸
수 있어요.
영어로 맛을 묘사할 때 물론 'sweet', 'hot', 'cold' 등의
표현을 쓰기도 하지만 재료에 따라서 맛을 서술하는 경우가
더 많죠. 예를 들어서 한국말로 짜다고 하는 것을 영어로는
'소금스럽다(Salty)'고 하거든요. 이처럼 재료를 위주로 맛
표현을 많이 해요. 매운 건 '양념'이 많이 들어 있어서 매운 거라
'spicy'라고 하고, 느끼한 건 'creamy' 혹은 'greasy'라고 해요.
이처럼 음식의 맛을 묘사하고 싶을 때 재료를 생각하면서 말하는
게 좋습니다.

맞아요,
저 거기에서 왔어요.

바로 듣기

배낭여행 중입니다. 포르투갈에서 벨기에로 넘어왔는데요. 게스트하우스에서 기차표를 정리하는 저를 보고, 한 외국인이 'Have you ever been to Portugal?'이라며 친한 척을 하더라고요. 대화를 이어가고 싶었는데, 'Yes!'라고밖에 못했네요. 이럴 때, '그래, 나 거기서 왔어!' 이런 말, 어떻게 해주면 될까요?

 'I got here today from Portugal(나 포르투갈에서 오늘 여기로 왔어)!' 이건 어떨까?

 근데 오늘 상황에서는 벨기에(Here)보다는 포르투갈(There)에 있었다는 게 포인트가 되어야겠죠?

 그럼, 다시 해볼게. 'I just arrived here from there(거기에서 여기로 막 도착했어요).'

 음, 쓸 수는 있어요. 하지만 질문의 포인트는 포르투갈에 있었는지를 묻는 것이니 굳이 '벨기에에 도착했다'는 내용은 없어도 되겠죠.

▶▶ 그래서, 타일러가 준비한 표현은?

Yeah, actually, I was just there.

---

* **해석** 맞아요, 정확해요, 저 거기에 있었어요.

Check!

* Yeah, actually 맞아요, 사실은요
* I was just there 나는 막 거기 있었던 참이에요

타일러 Tip

비슷한 표현으로, 'Yeah, actually, I just came from Portugal(맞아요, 막 포르투갈에서 왔어요)' 이렇게 써도 돼요. 오늘 표현에서 좀 더 추가를 해볼게요.

- Yes, actually, I was just there this morning(아침에 포르투갈에서 왔어요! 즉, 아침까지는 거기 있었어요)!
- Yes, actually, I was just there last week(지난주에 거기 있었어요).

그게 무슨 의미가 있나요?

바로 듣기

저희 아들은 야구를 좋아해서 야구선수가 되는 게 꿈인데요. 근데 아빠인 제가 봐도 운동에 소질이 없습니다. 한마디로, 정말 못해요. 하지만 아들은 자기가 던지는 공은 힘도 없고 느리지만 끝까지 가긴 한대요. 야구선수에게 그런 공이 무슨 의미가 있냐고 말해주고 싶은데, 영어로 하면 아들이 상처를 덜 받을까요?

좀 돌려 말해서 'Do you think is it important?(네 생각에 그게 중요해)?'

일단 문법적으로 맞는 문장이 되려면, 'Do you think it is important?'가 되어야 하고요. 근데 오늘 질문의 맥락과는 좀 안 맞는 것 같아요.

그럼 'What are you talking about(무엇에 대해 말하는 거야)?' 혹은 'Hey what do you mean(네가 의미하는 게 뭐야)?' 이런 건 어때?

맞는 방향으로 가고 있어요. '의미', '의도' 이런 것들을 질문의 포인트로 두고 발전시키면 좋을 것 같아요.

▶▶ 그래서, 타일러가 준비한 표현은?

What's that supposed to mean?

* **해석** 그게 무슨 의미가 있나요?

Check!

* Be supposed to~ ~하기로 되어 있다
* Mean 의미하다

타일러 Tip

오늘 표현은 억양에 따라 뉘앙스가 많이 달라질 수 있어요. 예를 들어, 단어 하나하나(특히 that) 강하고 세게 발음하면, 기분이 무척 안 좋으니 싸우자는 의미의 표현이 되겠지요.

(교통 카드를)
다시 찍어주세요.

바로 듣기

시내버스 운전기사입니다. 요즘, 외국인 손님이 많은데요. 교통 카드를 잘못 찍었는데, 잘 몰라서 그냥 가는 손님들이 간혹 있어요. 그럴 때, 교통 카드 좀 다시 찍어달라고 말해야 하는데, 어떻게 하면 좋을까요?

'Excuse me, it doesn't work out. Could you one more time(실례지만 작동이 안 됐어요. 한 번 더 해주실래요)?' 이렇게 가는 건 어때?

'work out'는 작동이 안 됐다는 뜻보단 어떤 일을 하려고 하다가 그 결과가 어떻게 되었는지를 얘기할 때 쓰는 말이에요. 예를 들어서 새로운 사람을 만나봤는데 잘 안 맞는 것 같아서 헤어졌을 때 '잘 안 됐다'는 의미로 'It didn't work out'라고 하면 되는 거예요.

오케이! 그럼, 'Excuse me, it didn't work! Could you try one more time?'

매우 자연스러운 표현인데요, One more time을 다른 식으로 좀 바꿔볼까요? 좀 더 간단하게!

▶▶ 그래서, 타일러가 준비한 표현은?

231

103

Please, try again.

* **해석**　　다시 시도해주세요!

* Try again 다시 시도하다

타일러
Tip

'It didn't work'라고 이유를 설명하는 게 필요하긴 한데, 버스 안이라는 상황을 생각하면 빨리빨리 움직여야 하고 그럴 여유가 없을 것 같아서 짧은 표현을 준비했어요. 'please'를 꼭 붙여야 하고요, 시간이 충분히 있으면 'It didn't work. Please, try again'이라고 하는 게 제일 좋습니다.

첫눈에 반했어요.

바로 듣기

결혼 날짜를 잡고, 지인들을 찾아가 인사를 드리고 있는데요. 여자 친구 지인 중에 외국인 친구가 꽤 있더라고요. 결혼 소식을 전했더니, 둘이 어떻게 만났는지, 언제부터 여자 친구가 좋아진 건지 묻는데, 로맨틱하게 '첫눈에 반했어'라고 말해주고 싶더라고요. 사실이기도 하고요. 표현 좀 알려주세요!

예전에 외국 영화를 보면서 대사로 영어 공부를 했었어. 그래서 오늘은 영화 명대사를 인용해볼게. <제리 맥과이어>에서 르네 젤위거가 톰 크루즈에게 이런 말을 해. 'You had me at hello(헬로 하는 순간 너는 나를 가졌어).' 이렇게 말하면 되지 않을까?

좋아요! 이 표현을 써도 되는데요, 하지만 이 표현이 꼭 사랑에 대해 얘기하는 건 아니에요. 'You had me'는 '내 관심을 잡았다'는 뜻이에요. 'at hello', '안녕이라고 하자마자', 즉 보자마자 내 관심을 잡았다는 뜻이죠. 그래서 연인 사이가 아니라고 해도 상황에 따라 할 수 있는 표현이죠. 특히 회사 면접에서도 나올 수 있는 말이에요. 이런저런 상황과 분위기를 따지지 않아도 되는, 일반적으로 말하는 첫눈에 반했다는 표현을 생각해보세요.

▶▶ 그래서, 타일러가 준비한 표현은?

I fell in love with you at first sight.

* **해석**   난 첫눈에 당신과 사랑에 빠졌어요.

Check!

* I fell in love with you 난 당신과 사랑에 빠졌어요
* At first sight 첫눈에

타일러 Tip

'I knew you were the one'이라는 말도 있는데요. '그대가 나의 반쪽이라는 것을 알았다'는 뜻이에요. 이것도 첫눈에 반했다는 뜻으로 써도 돼요. 사랑에 빠졌다는 표현인 거죠.

실물이 훨씬 나아요.

바로 듣기

외국인 친구가 자기 사진 찍는 걸 참 좋아하는데, 사진이 정말 잘 안 나와요. 사진보다 실물이 훨씬 더 예쁜데, 사진이 그렇게 안 나오니까 제가 더 속상해요. 실물이 훨씬 낫다는 걸 말해주고 싶어요.

내가 많이 들었던 말이야. 'The camera hates you(카메라가 널 싫어해)!' 이렇게 해주면 되지?

'○○ hates me', '○○ loves me', 이런 표현은 미국에서도 정말 많이 써요. 배 아플 때, 'My stomach hates me!' 이렇게 쓰긴 하는데 오늘 상황과는 좀 안 어울리는 것 같아요.

그럼 이건 내가 영어 공부할 때 달달 외웠던 건데, 'You look much better in person(훨씬 더 실물이 멋져 보여).'

맞는 표현인데 'in person' 대신, 신조어처럼 미국에서 요즘 많이 쓰는 표현이 있어요. TV나 SNS 등 현실 세계가 아닌 것들에 관련해서 'in person' 대신에 쓰는 표현이 뭐가 있었는지 생각해보세요.

▶▶ 그래서, 타일러가 준비한 표현은?

105

You look better in real life.

---

* **해석**　　진짜 세상에서 더 좋아 보여요(즉, 실물이 더 좋아 보여요).

Check!

* You look better 더 좋아 보여요
* In real life 진짜 세상에서

타일러 Tip

'real life'는 요즘 젊은 친구들 사이에서 많이 쓰이는 표현이에요. 왜냐면, 'You look better in person'이 좀 과하게 들릴 수 있고, 너무 고정된 표현이라 영혼이 담기지 않은 것처럼 들릴 수 있거든요. 같이 있는데, 바로 옆에서 셀카를 찍어 SNS에 올릴 때, SNS에 올린 사진보다 진짜 세상에서의 모습, 즉 '일상 모습인 실물이 더 좋아 보여'라고 말할 수 있는 거죠.

- 돈 굳어서 좋겠어요.

- 제가 저녁 대접할게요.

- 야식 먹을래요?

- 에이, 비행기 좀 그만 태워요.

- 참 눈치 없네요.

- 우리 딸 정말 못 말려요.

- 해도 해도 너무하네요.

- 그런 말 안 해도 돼요.

- 와, 딸기 좋네요.

- 고소한 맛이 나요.

- 맞아요, 저 거기에서 왔어요.

- 그게 무슨 의미가 있나요?

- (교통 카드를) 다시 찍어주세요.

- 첫눈에 반했어요.

- 실물이 훨씬 나아요.

- It's great you can save money.

- Let's go out for dinner, it's on me.

- Wanna get something to eat?

- Oh, stop. Nah, you're being too nice.

- You're so dense.

- There's no stopping her.

- You just can't get enough, can you?

- You don't have to say that.

- Oh!(Wow!) Nice strawberries.

- This tastes a bit nutty.

- Yeah, actually, I was just there.

- What's that supposed to mean?

- Please, try again.

- I fell in love with you at first sight.

- You look better in real life.

언제 한번 뭉쳐요.

바로 듣기

길 가다가 오래전 알고 지낸 외국인 친구와 마주쳤는데요. 저도 모르게, '언제 한번 보자!' 이런 인사를 내뱉고 있더라고요. 우리나라에서는 형식적으로 쓰는 말인데, 외국에도 이런 빈말이 있나요? 이럴 때는 뭐라고 표현하는지 궁금해요!

 예전에 우리, '비빔밥은 다 비벼서 먹어요'라는 표현 배웠었잖아. 'Let's mix it all together!' 그 표현에서 힌트를 좀 얻어서, 'Let's hang out sometime(언제 시간을 보내자)!'

 맞는 표현이에요. 근데, 이 말을 하는 사람이 젊어야 해요. 이 표현은 매우 젊고, 가벼운 느낌을 줘요.

 그럼 이건 미드에서 본 표현인데 'Hey, let's get together sometime.'

 팡파르!! 너무 잘했어요. 처음으로 문장을 완벽하게 맞혔네요. 이 표현은 구체적으로 뭘 하자는 게 없어요. 밥을 먹자는 건지, 차를 마시자는 건지, 언제 한번 만나자는 말이니 빈말이라도 쓸 수 있는 표현이죠.

▶▶ **그래서, 타일러가 준비한 표현은?**

106

Let's get together sometime.

* **해석**   언제 한번 만나요.

Check!

* Let's ~하자
* Get together 모이다, 만나다
* Sometime 언젠가, 가끔

타일러 Tip

'언제 한번 보자'는 빈말 대신, 좀 더 구체적으로 뭔가를 하자고 약속을 잡고 싶을 땐
- Let's have coffee sometime. 언제 커피 한잔해요.
- Let's grab a drink sometime. 언제 술 한잔 마셔요.

먼저 올라가세요.

식당 앞에서 친구를 기다리고 있는데, 먼저 엘리베이터에 탄 외국인이 제가 엘리베이터를 탈 줄 알고 기다리더라고요. 친구가 아직 안 와서, 괜찮으니까 먼저 올라가라고 말해주고 싶었는데 말은 못하고 보디랭귀지로 올라가라는 시늉만 했네요.

먼저 시도해볼게. 'I'm fine. You going up first(난 괜찮아요. 먼저 올라가세요).'

우선, 문법적으로 안 맞는 표현이에요. 제대로 하려면 'You go up first'가 되어야겠죠. 그리고 'I'm fine'이라고 하면 기분이나 감정에 대해 대답하는 거예요. 상황에 대해 괜찮다고 말하는 게 아닌 거죠.

오케이! 그럼, 'You go up first. I'm fine…… apple(?).'

하하! 장난꾸러기네요. 지난 시간에 처음으로 완벽한 문장을 맞혔잖아요. 도대체 하루 사이에 무슨 일이 있었던 거예요?

▶▶ 그래서, 타일러가 준비한 표현은?

241

107

Oh no, it's okay.
You go ahead.

***해석**　오, 아니에요. 괜찮아요. 먼저 가세요.

Check!

* Oh no, it's okay 아니에요, 괜찮아요
* You go ahead 먼저 가세요

타일러 Tip

'You go first'를 해도 되지만, first가 있다는 건, second도 있다는 의미겠죠. 오늘 상황은 처음엔 당신이 가고, 그다음에 내가 가겠다는 의미는 아니니까, '앞서 가세요'라는 뜻을 가진, 'ahead'를 쓰면 더 좋습니다.
'ahead'는 정말 많이 쓰는 단어예요. 'go'와 같이 썼을 때 '진행하세요'라는 의미를 가지니까, 꼭 알아두세요!

242

먹기 편하게
잘라드릴까요?

프레즐 전문 빵집에서 일하는데요. 한국 손님들은 빵을 먹기 좋게 잘라달라고 먼저 부탁을 하는데, 외국 손님들은 모르고 그냥 사갈 때가 많아요. 그래서 제가 먼저 '먹기 편하게 잘라드릴까요?' 이렇게 물어보고 싶은데…… 그럼 좀 더 친절하게 느끼지 않을까요?

'Can I cut it for you eat(당신이 먹기 위해 내가 잘라도 될까요)?'

좋아요. 하지만 손님을 대할 때, 'Can I~'보다는 의견을 물어보는 쪽으로 표현하는 게 좋을 것 같아요.

그럼 'Could you……' 표정 보니 아닌 것 같고, 그럼 'Would you……?' 오케이, 이거네! 'Would you cutting for you?'

누가 커팅을 하는 거죠? 빵을 자르는 주체가 빠졌잖아요.

▶▶ **그래서, 타일러가 준비한 표현은?**

108

Would you like me to cut it for you?

＊ 해석　이거 잘라드릴까요?

Check!

＊ Would you like me to~ 내가 ~하는 걸 원하나요?

＊ Cut it for you 당신을 위해 자르다

타일러 Tip

'Could you'는 상대방이 어떻게 해줄 수 있느냐를 묻는 거예요. 예를 들어서, 'Could you help me?'라고 하면 '나를 도와주실 수 있나요?'라고 상대방이 나를 도울 가능성이나 능력 여부를 물어보는 거예요.

'Would you'와 같은 경우는 의지를 묻는 거예요. 'Would you help me?'라고 하면, '나를 도와줄 수 있나요?'가 아닌 '나를 도와주시겠어요?'가 되는 거죠.

'Can I'로 시작하는 문장은 내가 어떻게 해도 되냐를 묻는 겁니다. 'Can I help you?'는 '내가 당신을 도와드려도 되나요?'라고 묻는 거예요. 세 가지 표현의 차이점, 확실히 알아두세요!

괜찮아요,
제가 할게요.

바로 듣기

호텔에서 체크인을 하는데, 짐을 방으로 갖다준다기에 팁도 아끼고 제 짐을 바로바로 정리하고 싶어서 '괜찮아요, 제 짐은 제가 가져갈게요'라고 말하고 싶은데, 상대방이 무안하지 않도록 하는 표현이 있을까요?

 'I'm fine, it's okay. I will bring it luggage(난 괜찮아요. 내가 짐을 가져갈게요).'

 'it luggage?' 무슨 말이죠? 'the luggage'겠죠? 그리고 'bring'보다 더 좋은 동사가 있어요.

 혹시 'Take care of?'

 Wow!! 진짜 좋아요.

 그럼 'I will take care of it, please.'

 여기까지만 말을 해도 되지만, 좀 더 미국식 영어의 느낌이 나려면 꼭 들어가야 할 단어가 있어요.

▶▶ 그래서, 타일러가 준비한 표현은?

109

Oh no, it's okay. I'll take care of it myself.

* **해석** 오 아니에요, 괜찮아요. 내가 스스로 신경 쓸게요. 즉, 내가 할게요.

타일러 Tip

'myself'를 뒤에 붙임으로써 좀 더 미국식 영어가 됐어요. 그쪽이 책임질 필요가 없어요, 내 신경 쓰지 마세요, 나는 내가 신경 쓸게요, 이런 느낌이에요. 간단한 거지만, 중요하답니다.

자기 마음이겠죠.

바로 듣기

외국인 친구가 한국에 놀러왔는데, 헬멧을 쓰지 않고 오토바이 탄 사람을 보더니, 깜짝 놀라며 위험하게 왜 저러냐고 묻더라고요. 한국에서도 헬멧을 쓰지 않으면 범칙금을 물긴 하는데, 왜 그러는지는 저도 모르니까 '글쎄, 자기 마음이겠지', 이렇게 설명해주고 싶더라고요. 좀 어렵나요?

쉽지가 않네. 'Suit yourself'가 '좋을 대로 해라', '마음대로 해라', 이런 뜻이잖아. 그걸 바꿔서 'Suit himself', 이건 어때?

제3자에게 쓰기엔 어색한 표현이네요.

그럼, 'It's up to you'가 '너한테 달려 있다'는 뜻이니까, 'It's up to him.'

그렇게 해도 돼요. 그런데 상대가 해서는 안 되는 건데, 안 되는 걸 알면서도 자기 마음대로 결정한 일이라는 걸 충분히 표현해줘야겠죠?

▶▶ 그래서, 타일러가 준비한 표현은?

I guess they don't want to.

* **해석**   그들이 원하지 않았던 게 아닐까 생각해요.

Check!

* I guess 나는 추측한다
* They don't want to~ 그들은 ~하기를 원하지 않는다

타일러 Tip

오늘 상황에서는, 헬멧을 안 쓰면 안 되는데 하기 싫어서 안 쓴 거잖아요. 그래서 부정적인 표현으로 'I guess they don't want to'라고 중간에 'not'을 쓴 거고요. 반대로, 헬멧을 쓰고 있는데 '왜 헬멧 썼어?'라고 물을 땐, 헬멧 쓴 게 긍정적인 거니까, 그땐 'I guess they want to' 이렇게 표현하면 되겠죠. 상황을 잘 보고, 이 표현을 쓰셔야 해요.

미안해요, 제가 요즘
정신이 나갔었나 봐요.

바로 듣기

제가 모임을 주최하는데 깜박하고 외국인 유학생이 스케줄이 있어서 안 된다고 한 날로 모임 날짜를 정해버렸어요. 뒤늦게 생각이 나서 정말 미안하다고, 내가 정신이 나갔던 것 같다고 마음을 전하고 싶어요.

 'I'm sorry. I was absent minded(미안해요, 제 마음 속에 그게 전혀 없었나 봐요).' 이렇게는 어떨까?

 좀 딱딱한 느낌이에요. 'absent'는 남을 비판할 때, 많이 쓰는 단어거든요. 예를 들어, 'He's very absent minded' 이 표현은 '그는 잘 신경 쓰지 않는다', 즉 업무를 제대로 수행하지 못한다는 비판적인 뜻이거든요.

 그럼, 'I lost track of time(나 시간 체크하는 걸 잊어버렸어).'

 'time'에 대해 지적한 게 아닌데, 전혀 다른 방향으로 접근한 것 같아요. 내 정신이 나갔었다는 데 초점을 둬야겠죠?

▶▶ **그래서, 타일러가 준비한 표현은?**

Sorry, I must really be out of it nowadays.

---

* **해석**   미안해요, 요즘 제가 정말 정신이 나갔었나 봐요.

* Sorry 미안해요
* I must really 나 정말로
* Be out of it (정신 차리기 어려울 정도로) 정신이 나간
* Nowadays 요즘

타일러 Tip

비슷한 표현으로,
'Sorry, I must really be overworked nowadays(미안, 요즘 일이 너무 많았나 봐)', 'Sorry, I don't know where my mind is at nowadays(미안, 요즘 내 마음이 어디에 있는지 모르겠어. 즉, 정신없이 바빴어)'가 있답니다.

누가 잃어버렸나 봐요.
주인 좀 찾아주세요.

바로 듣기

외국 공항에서 누군가 잃어버린 비행기 표를 주웠는데요. 안내 데스크에 들고 가 누가 잃어버린 것 같다고, 주인 좀 찾아달라고 말을 해야 하는데 어떻게 할지 몰라 그냥 떠넘기듯 안겨주고 왔네요. 부끄러웠습니다.

'Lost and found(분실물 취급소)'라는 단어가 있잖아. 'Someone is lost. Where is the lost and found(누군가가 잃어버렸어요. 분실물 센터가 어디죠)?' 이렇게는 어때?

표현은 맞지만, '누가 잃어버렸어요. 주인 좀 찾아주세요' 라고 명확하게 말을 해야죠.

▶▶ 그래서, 타일러가 준비한 표현은?

112

Someone lost this.
Please find the owner.

* **해석**   누군가가 이걸 잃어버렸어요. 주인 좀 찾아주세요.

Check!

* Someone lost this 누군가 이걸 잃어버렸어요
* Please find 찾아주세요
* The owner 주인

타일러 Tip

오늘 표현을 좀 더 미국적으로 바꾸려면, 'Could you~'를
넣어주면 더 좋아요. 'Could you please find the owner?'라고
하면 좀 더 현지인처럼 보일 거예요. 왜냐하면 이렇게 말해야 좀 더
부드럽게 귀에 들어오니까요.

필요한 거 있으면 언제든 말해요.

바로 듣기

옆집에 외국인 부부가 이사를 왔는데요. 외국인 이웃은 처음이라 긴장되지만, 어떻게 인사를 나누면 좋을지, 계획을 세우고 있습니다. 먼저 반갑게 'Welcome'이라고 하고 나서 어떻게 할지 막막하네요. 도와주세요.

나라면 'Welcome' 하고 나서 이렇게 말할 것 같아. 'Please let me know when you need something(필요한 거 있으면 언제든 말하고요).' 그런데 '앞으로 잘 지내요'는 어떻게 하지?

'앞으로 잘 지내자'는 말은 한국적인 인사니까 안 해도 돼요. 굳이 직역하려면 'Let's get along'인데 매우 이상하죠. 우리의 사이를 의식하는 것 같고 상대방은 좋게 생각하지 않을 수 있으니까 아예 빼는 게 좋아요.

그럼, 'Hope the see you soon.' 이건?

옆집에 살고 있는데, '곧 보길 바라요'라고 하는 건 개인적인 공간에 침범하겠다는 뜻으로 무례하다고 받아들일 수 있어요. 그러니까 이것도 빼는 게 좋아요.

▶▶ 그래서, 타일러가 준비한 표현은?

113

Let me know if you need anything.

* **해석**   필요한 게 있다면 언제든 말해요.

Check!

* Let me know 나에게 말해줘요
* If you need anything 필요한 게 있다면

타일러 Tip

제가 준비한 표현과 앞에서 앞에서 시도한 'Let me know when you need something'은 매우 비슷해 보이지만, 많이 달라요! 우선, 'anything'은 '전부 다', '어떤 것이든' 도와주겠다는 의미지만, 'something'은 우리 관계에 관련된 '뭔가 한 가지'라는 의미라서 도와주려는 범위가 달라요.

'if'와 'when'도 차이가 확실하죠. 'when'은 필요한 '때', 특정한 상황을 가리키고, 'if'는 필요하다'면'이기에 범위가 더 넓어요. 그래서 비슷해 보이긴 하지만, 매우 다르죠. 외국에서는 오늘 표현을 정말 많이 써요. 특히, 식당에서! 그러니까, 잘 기억해두세요.

나 영어 많이 늘었어요.

바로 듣기

<진짜 미국식 영어>로 공부하는 60대 할머니예요. 그날그날 배운 표현들을 잘 기억했다가 손주들에게 써먹는데 깜짝깜짝 놀라더라고요. 그래서 매우 뿌듯해요. '나 영어 많이 늘었어' 이렇게 영어로 좀 자랑하고 싶은데, 가능할까요?

맞혀도 될까? 팡파르 준비하고. 'getting better'라는 표현을 쓰면 좋을 것 같아. 'My English is getting better(내 영어는 점점 더 좋아져).'

팡파르 울려드릴게요. 너무 자연스럽고, 미국에서 자주 쓰는 표현이고, 귀에 쏙쏙 들어와서 전혀 어색함이 없는 표현이에요. 그런데 현재진행형은 현재 나아지고 있다는 느낌을 주거든요. 저는 과거형을 써서 그사이에 많이 늘었다는 표현을 준비해봤어요.

▶▶ 그래서, 타일러가 준비한 표현은?

255

114

I got a lot better at English.

---

* **해석**   나 영어 실력이 더 좋아졌어요.

* I got a lot better 더 많이 좋아졌어요
* at English 영어에

타일러 Tip

이 표현은 뒤에 명사만 바꾸면 어떤 상황에서도 쓸 수 있어요.
- I got a lot better at cooking. 나 요리 실력 많이 늘었어.
- I got a lot better at playing tennis. 나 테니스 실력 많이 늘었어.

또, 주어도 바꿀 수 있어요. 친구가 해외여행 갔다 왔는데 영어가 많이 늘었다면,

- You got a lot better at English. 너 영어 실력 많이 늘었네.

우린 죽이 잘 맞아요.

바로 듣기

눈빛만 봐도 통한다는 말을 실감할 수 있을 정도로 죽이 잘 맞는 친구가 있어요. 긴 설명하지 않아도 금방 알아채고, 호흡이 척척 맞는 친구인데요. 이럴 때, '우린 죽이 잘 맞아'라고 하잖아요. 영어에도 비슷한 표현이 있을까요?

나 알 것 같아. 'We hit it off(우리 잘 맞아).'

아주 틀린 표현은 아니에요. 그런데 오랫동안 알고 지낸 친구가 아닌 처음 만난 사람에게 쓸 수 있는 말이에요. 예를 들어 소개팅에 나갔는데 상대방이랑 생각보다 잘 맞을 때 쓸 수 있겠죠?

그럼 좀 시적으로…… 'We are on the same page(우린 같은 페이지에 있어).'

이 표현 역시 이 상황에는 안 맞아요. 회의 시간에 나와 같은 의견을 내놓은 사람에게 '우린 의견이 같아요'라고 말할 때 쓰거나, 우리 둘 다 현재 상황을 똑같이 인식하고 있다는 뜻으로 쓰기도 해요.

▶▶ 그래서, 타일러가 준비한 표현은?

We just click.

* **해석**　우리는 딱 클릭하는 소리가 나요(딱 맞아떨어진다는 의미).

Check!

* We click 우리는 딸깍 소리가 나요
* Just 딱

**타일러
Tip**

'click'은 마우스를 클릭할 때 나는 '딸깍딸깍' 같은 소리예요.
그래서 클릭하는 소리가 난다는 것은 딱 맞아떨어져서 나는
소리라는 뜻인 거죠. 비슷한 의미로 'We get along really
well(우리는 정말 잘 어울려요)'라는 표현도 쓸 수 있어요.

딴사람 같아 보여요.

바로 듣기

아내가 재취업에 성공했습니다. 출근 첫날, 한껏 꾸민 모습이 너무 새롭고 예뻐 보이더라고요. '와 딴사람 같다! 몰라보게 예쁘다'라는 말을 해주고 싶었는데 쑥스러워서 못했네요. 영어로라도 표현할 수 있을까요?

'You look different(너 달라 보여).'

이 표현은 뭔가 달라지긴 했는데 뭐가 달라졌는지 모르겠다는, 약간의 부정적인 의미가 있어요. 몰라보게 예뻐졌다거나 딱히 좋아졌다는 의미는 아닌 거죠.

그럼 'You are not familiar(익숙하지가 않아).'

이 말도 칭찬이 아니에요.

다음 도전! 'Hey it's not like you(너 같지 않아).'

이것도 좋은 의미는 아니에요. 나는 나인데 다른 사람 같다는 건 나쁘게 들릴 수 있으니, '새로워 보인다', '더 좋아 보인다' 이런 느낌으로 가야겠죠.

▶▶ 그래서, 타일러가 준비한 표현은?

116

Wow. It's like a whole new you!

---

* **해석**　완전 새사람 같아요.

Check!

* Wow 와우
* It's like~ ~같아요
* A whole new you 완전 새사람

타일러 Tip

한국인들이 'You look different'라는 표현을 자주 쓰는 것 같아 한 번 더 설명해줄게요. 'You look different'는 뭔가 바뀌었는데 그게 뭔지 잘 몰라서, 또는 딱히 칭찬해주고 싶은 마음이 생기거나 좋은 말이 떠오르지 않아서 쓰는 말이에요. 꼭 주의해야 해요.

117

금시초문인데요?

바로 듣기

저는 유난히 둔해요. 친구들끼리 사귀어도 저만 모르고 있을 정도예요. 그래서 별명이 형광 등이랍니다. 그렇다 보니 제가 제일 많이 하는 말이 '정말이야?', '처음 듣는 말인데?', '금시 초문이야!'예요. 영어로 좀 알려주세요.

'I've never heard about that(난 그것에 대해 전혀 들은 적이 없어).'

'난 그런 거 들어본 적 없는데?'라고 무뚝뚝하게 말하는 느낌이에요. 그에 대해 전혀 모른다는 뜻도 있어요. 상대의 말을 부정하려는 의미로도 많이 사용되고요. '처음'이란 단어가 들어가면 좋을 것 같아요.

그럼 'I heard that first time' 아니면 'First time I heard that.'

뒤에 한 표현이 조금 더 가까워요. 'First time'을 문장 앞에 두고, 조금만 수정하면 될 것 같아요.

▶▶ 그래서, 타일러가 준비한 표현은?

117

Really? First time I've heard of that.

* **해석**　정말요? 그것에 대한 얘기는 처음 들어요.

Check!

* Really? 진짜?
* First time 처음이야
* I've heard of that 나는 그것에 대해 들었다

타일러 Tip

'Really?'를 붙여주면 좀 더 풍부한 표현이 됩니다. 이게 미국식 영어인 거죠.
금시초문이라는 말은 '처음 들어본다'라는 말이지만, '한번도 못 들어봤다'라고 해도 같은 의미겠죠? 그래서 미국에서는 자주 'I've never heard that before'라고 표현하기도 합니다.

현금으로 결제하고, 나머지는 카드로 해도 되나요?

바로 듣기

여행 중에 현지 돈이 조금 남아서 다 써버리려고 이것저것 샀더니, 이번엔 돈이 좀 모자라더라고요. 그래서 현금으로 먼저 결제하고, 나머지는 카드로 계산해도 되는지 묻고 싶었는데, 현금과 카드를 번갈아 보여주기만 했네요.

'Can I give you my credit card instead of cash?' 이렇게 하는 건 어때?

'현금 대신에 신용카드 드려도 돼요?' 이런 뜻이에요. 영어로는 완벽한 문장이지만, 오늘 표현과는 맞지 않죠?

▶▶ 그래서, 타일러가 준비한 표현은?

118

Can I (pay some in cash and) put the rest on my card?

＊ 해석 (현금으로 계산하고) 나머지는 카드로 해도 되나요?

Check!

＊ Can I pay some in cash? 일부를 현금으로 계산해도 될까요?

＊ Can I put the rest on my card? 나머지는 카드로 해도 되나요?

타일러 Tip

오늘 표현이 너무 길어서, 'Can I put the rest on my card?'라고만 말할 수도 있어요. 하지만 그럴 땐 꼭 현금을 먼저 주면서 말을 해야 해요. 그래야 나머지(rest)가 뭔지를 정확하게 알 수 있는 거겠죠?

264

심쿵해요.

바로 듣기

고양이를 키우는 '집사'예요. 고양이 커뮤니티에서 알게 된 외국인 친구가 있는데, 그 친구네 고양이가 참 귀여워요. '심쿵하다'고 말해주고 싶은데, 영어에도 너무 귀여울 때 해주는 이런 말이 있을까요?

 심쿵해. 너무너무 귀여워, 이런 느낌이 나야 하니까……
'It's heart beat. So so so cute' 이런 건 어때?

 좋아요. 근데 미국에서 매우 흔히 쓰는 감탄사가
있잖아요. 한번 생각해보세요. 한국인들도 가끔 빌려
쓰기도 하는 것 같은데요? 세 마디예요. 뭘까요?

▶▶ 그래서, 타일러가 준비한 표현은?

119

Oh my God, how cute!

* **해석**　세상에! 너무 귀여워.

Check!

* Oh my God 세상에
* How cute 얼마나 귀여운지

**타일러
Tip**

'심쿵하다'는 표현은 우선 한국에만 있는 신조어인 데다
있는 그대로 직역해서 영어로 옮기면 너무 오그라드는 표현이에요.
미국인들은 애교가 심하게 들어간 표현은 유치하다고 생각하기
때문에 담백하게 귀여움을 표현하는 게 좋아요. 다양하게 쓸 수
있는 표현으로 'Oh my God, ○○'s so cute', 'Oh my God,
○○'s so adorable', 'Oh my God, how adorable'이 있어요.

120

정말 발이 넓으시네요.

바로 듣기

제가 아는 외국인 친구는 우리나라 사람보다 더 인맥이 넓어요. 이럴 때 우린 '마당발'이라고 하는데 'garden foot'이라고 하면 못 알아들을 것 같아요. '너 마당발이네', '인맥왕이네' 같은 칭찬은 어떻게 해주면 좋을까요?

 '네트워크'란 말을 쓰더라고. 'He has nice networking.' 이렇게 하면 어떨까?'

 그렇게 말할 수는 있는데, 네트워크라는 단어를 사용하면, 상대를 이용하려고 한다는 느낌이 들 수도 있어요. 물론 취업을 준비할 때 많이 쓰는 표현이지만 이 맥락에는 잘 안 맞을 것 같네요.

▶▶ 그래서, 타일러가 준비한 표현은?

267

120

Someone's popular!

* **해석** 누구에게나 인기가 있네요.

Check!

* Someone is~ **누구는 ~예요**
* Popular! **인기 있는**

타일러 Tip

오늘 표현은 끝이 올라가는 억양이 되어야 해요. '너 좀 인기 있는데?' 이런 느낌인 거죠. 놀리는 것 같지만, 나쁜 말이 아니고 기분 좋으라고 추켜세우는 표현이에요.

- 언제 한번 뭉쳐요.

- 먼저 올라가세요.

- 먹기 편하게 잘라드릴까요?

- 괜찮아요, 제가 할게요.

- 자기 마음이겠죠.

- 미안해요, 제가 요즘 정신이 나갔었나 봐요.

- 누가 잃어버렸나 봐요. 주인 좀 찾아주세요.

- 필요한 거 있으면 언제든 말해요.

- 나 영어 많이 늘었어요.

- 우린 죽이 잘 맞아요.

- 딴사람 같아 보여요.

- 금시초문인데요?

- 현금으로 결제하고, 나머지는 카드로 해도 되나요?

- 심쿵해요.

- 정말 발이 넓으시네요.

- Let's get together sometime.

- Oh no, it's okay. You go ahead.

- Would you like me to cut it for you?

- Oh no, it's okay. I'll take care of it myself.

- I guess they don't want to.

- Sorry, I must really be out of it nowadays.

- Someone lost this. Please find the owner.

- Let me know if you need anything.

- I got a lot better at English.

- We just click.

- Wow. It's like a whole new you!

- Really? First time I've heard of that.

- Can I (pay some in cash and) put the rest on my card?

- Oh my God, how cute!

- Someone's popular!

배꼽 빠지게 웃겨요.

바로 듣기

제가 요즘 푹 빠져 있는 동영상이 있는데요. 바로 <따르릉> 뮤직비디오예요. 하루에도 수십 번 돌려보는 저를 보고, 그렇게 재밌느냐고 묻는 외국인 동료에게 그냥 'Fun'이라고 하면 뭔가 부족한 것 같고, 배꼽 빠지게 웃기다고 어떻게 전해줄 수 있을까요?

 너무 너무 너무 웃긴 거니까, 'Very very very funny.' 이건 어때?

 'very'를 쓰면 약간 비꼬는 느낌이 있어요. 'Ha, very funny, I don't think so'처럼 반어법적인 표현일 때가 많아요.

 그럼, 'hilarious'라는 단어가 있잖아. 아주 우습다는 뜻이니까, 'Wow, it's hilarious.'

 너무 좋은데, 아주 조금만 더 바꾸면 좋을 것 같아요.

 조금? 그럼, 'Wow, that's hilarious.'

 네, 맞아요!

▶▶ **그래서, 타일러가 준비한 표현은?**

271

121

That's hilarious.

*** 해석**   정말 웃겨요. 아주 우스워요.

Check!

* Hilarious 아주 우스운

타일러 Tip

'hilarious'는 너무 웃겨서 정신이 나갈 정도인 거예요. 'a' 발음을 강조하면 좋아요. 'hilarious'가 좀 어렵다면, 흔히 우리가 아는 'fun'을 쓸 수도 있는데, 'fun'은 재미있다는 뜻이고, 'funny'는 우습다는 거예요. 그래서 'funny'를 써야 맞겠죠.

또 'So funny'는 '정말 우습다'는 뜻이지만, 'Very funny'는 비꼬는 느낌이 있으니까 잘 구분해서 써야 합니다. 정말 웃길 땐 'Oh my God, that's so funny' 이렇게 쓰면 좋겠죠?

왜 아직 안 자고 깨어 있나요?

바로 듣기

외국인 친구에게 밤늦게 물어볼 게 있어서 메신저로 '자니?'라고 물었더니, 바로 대답을 하더라고요. 그래서 '너 이 시간까지 안 자고 뭐해?'라고 물으려니 'Why don't you~'로 시작하는 문장밖에 생각이 안 나는데, 그건 어색할 것 같고, 어떻게 하면 좋을까요?

'Why aren't you sleeping(왜 안 자니)?'

자는 것에 집중하지 말고, 왜 아직 깨어 있는지에 집중하는 게 더 좋아요. 그게 미국식 질문이구요.

'Why are you awaken?', 'Why are you wake up?'

거의 다 왔어요. 아주 가까워요!

▶▶ 그래서, 타일러가 준비한 표현은?

273

122

Why are you still up?

---

* **해석**　　왜 아직 깨어 있나요?

---

* Why are you~ 왜 당신은~?
* Still up 여전히 깨어 있다

타일러 Tip

'일어나다, 깨다'는 표현이 'wake up' 혹은 'get up'이잖아요.
이렇게 'up'은 잠 깨는 것, 일어나는 것과 연관이 있어요. 그래서
'아직도 깨어 있다'는 'still up'이 되는 거죠. 참고로! 'up'의
반대말인 'down'은 잔다는 의미로 쓸 수 없습니다.

123

편하게 둘러보세요.

바로 듣기

집을 내놨는데, 위치가 이태원 쪽이다 보니, 외국인들도 집을 보러 종종 와요. 세세하게 집에 대해 설명해줄 수는 없지만, '편하게 둘러보세요'라고 한마디 정도 해주고 싶은데, 좀 도와주세요!!

 너무 쉬운 거 아냐? 'No worry.'

 왜 걱정하지 말라는 거죠? 걱정 말고 둘러보라는 건가요? 그냥 돌려서 생각하지 말고 있는 그대로 편하게 말해보세요.

 그럼 'Just look around it.'

 'it'은 왜 들어가죠? 'Look around'는 너무 좋은데, 'Look around'를 동사로 생각하지 말고, 명사로 바꿔서 표현해보세요.

▶▶ 그래서, 타일러가 준비한 표현은?

275

Feel free to have a look around.

---

* **해석**　　편하게 주변을 둘러보세요.

* Feel free to~ 편한 마음으로 ~하세요
* have a look around 주변을 둘러보다

타일러
Tip

'한번 보세요'라는 의미로 'Have a look', 'Take a look' 이런
표현들은 많이 쓰죠. 거기에, 'around'만 붙인 거예요.
이 표현은 전시회에서도 쓸 수 있고, 매장에서 직원이 손님에게
해줄 수도 있는 말이죠. 편하게 둘러보세요! 그냥, 'Have a look
round'만 써도 돼요.

124

그럼 나도 할래요.

바로 듣기

친구가 라면을 끓일 건데 같이 먹겠냐고 물어서 처음엔 괜찮다고 했는데, 다른 친구는 먹겠다는 거예요. 남이 먹는다고 하니까, 갑자기 저도 먹고 싶어져서 '그럼 나도!' 이렇게 말하고 싶었는데, 가능할까요?

 Me too!

 맞는 말이긴 한데, 오늘 상황을 보면 처음엔 안 한다고 했다가 한다고 하는 거잖아요. 처음에 '그렇다면, 나도!', 이런 말이 있어야겠죠?

 'If so, me too!'

 'If so'는 너무 문어체예요. 말을 할 때는 잘 안 쓰는 표현이죠.

▶▶ 그래서, 타일러가 준비한 표현은?

Well, in that case me too.

---

* **해석**　　그래, 그 경우라면 나도 할래요.

* Well 그래
* In that case 그 경우라면
* Me too 나도

**타일러
Tip**

'if so'를 한국어로 옮기면, '정 그렇다면' 이런 느낌이에요. 매우
딱딱하죠? 약관을 달 때 많이 쓰는 문어체구요. 'in that case'를
넣는 게 좀 더 자연스러워요. 'in that case'는 'In that case,
sure! Why not?' 이런 식으로도 자주 쓰니까, 기억해두세요.

125

곧 알게 되겠죠
(김칫국 마시지 마세요).

바로 듣기

파견 나온 외국인 여직원이 있는데, 좀 호들갑스러워요. 최근에 사내 공모전에 팀별로 참가했는데, 딱 봐도 저희 팀이 제일 못했는데 이 직원이 자꾸 저희가 1등 할 거라고 말하고 다니는 겁니다. 김칫국 좀 그만 마시라고 말해주고 싶어요.

 이 표현은 영어 공부 할 때 배웠어. 'Don't count your chickens before they're hatched(김칫국부터 마시지 마).'

 번역기에 '김칫국 마시지 마'를 넣으면 나오는 표현일 거예요. 맞는 관용구이긴 한데 표현이 너무 어렵잖아요.

 설마……. 'Do not drink Kimchi-soup?'

 하하, 그건 아니죠. 사실은 'Don't count your chickens before they're hatched'가 굉장히 좋은 표현이고 쓰셔도 좋지만, 너무 기니까 압축시켜서 전달하는 게 어떨까 해요. 미국 사람들은 짧으면서도 감정을 충분히 담아 전달할 수 있는 말을 좋아하잖아요?

▶▶ 그래서, 타일러가 준비한 표현은?

279

125

We'll see.

---

* **해석** 우리는 곧 알게 될 거예요.

Check!

* We will~ 우리는 ~할 거야
* See 보다

타일러 Tip

이 말을 할 때 감정을 입혀서 비꼬듯이 말하는 게 좋아요. 한국 사람들은 기본적으로 좀 돌려서 말하는 경향이 있는가 하면, 미국 사람들은 말을 비꼬면서 하려고 해요. 오늘 표현 뒤에 'about that'을 붙이면 좀 더 정확하겠죠. 'We'll see about that(그거에 대해 곧 알게 되겠지).'

귀에 딱지 앉겠어요.

바로 듣기

유럽 여행을 다녀온 친구가 하루에도 수십 번씩 유럽 얘기만 해요. 물론 부럽긴 한데, 하도 들어서 귀에 딱지 앉을 것 같아요. 친구가 더 이상 말 못하게 귀에 딱지 앉겠다는 말을 영어로 좀 해주고 싶네요.

귀에 딱지 앉는다고 해서 'ear'가 들어갈 것 같진 않고, 지겨우니까 그만 좀 하라는 거잖아. 지긋지긋하다는 표현을 알아. 'I'm sick and tired of you' 또는 'I'm tired of you.'

그 표현은 '어머! 너 때문에 토 나올 것 같이 아프고 피곤해', 이런 의미라서 상대방이 이런 말 들으면 서운하고, 눈물 날 것 같아요. 영어에도 귀에 딱지 앉겠다는 의미로 'ear'가 들어가는 표현이 있어요. 다시 한 번 생각해보세요.

그럼 'My ear's once another story.'

귀여운 표현이긴 한데, 정답은 아니네요.

▶▶ 그래서, 타일러가 준비한 표현은?

126

Ok, I get it. You don't need to talk my ears off about it.

---

* **해석**   알았어요. 내 귀가 떨어져나갈 정도로 말할 필요는 없어요.

Check!

* Ok, I get it 알았어요
* You don't need to~ ~할 필요가 없어요
* Talk my ears off about it 내 귀가 떨어져나갈 정도로 말하다

타일러 Tip

미국에서는 '신체부위+off'를 많이 써요.

- I'm freezing my 'butt off.' 너무 추워서 엉덩이가 떨어져 나갈 것 같아요.
- Talk my 'ears off.' 말을 많이 해서 귀가 떨어져 나갈 것 같아요.

고급진 해외여행 영어 1

여기 추천 메뉴가 뭔가요?

자유여행으로 사이판을 갔는데요. 단어 몇 개만으로도 대충 의사소통은 되었어요. 식당에 가서 음식 추천을 받고 싶을 때 '추천하다'라는 'recommend'만으로도 뜻은 통하겠지만 좀 더 정확하고 캐주얼한 표현을 알고 싶어요.

 'Excuse me, what is special menu?(인기 메뉴가 뭐예요?)'

 미국에서는 스페셜 메뉴의 의미가 달라요. 잘 나가는 메뉴가 아니라 없애야 할 재료를 이용해 개발한 메뉴라는 뜻인 거죠.

 그렇구나. 그럼 'What's the popular menu?' 이건 어때?

 일단 'What's the popular on the menu?'라고 해야 문법이 맞고요. 그런데 '메뉴'라는 단어가 한국에서는 차림표(메뉴판) 를 의미하면서 한 가지 요리를 가리키기도 하잖아요. 하지만 영어에서 메뉴는 차림표(메뉴판)만을 의미해요.

▶▶ 그래서, 타일러가 준비한 표현은?

127

What's good here?

---

* **해석** 여기 뭐가 좋아요?

Check!

* What's good? 뭐가 좋아요?
* Here 여기

타일러
Tip

'recommend'를 쓰고 싶으면, 'What would you recommend?'라고 쓰면 되는데 격식을 차리고 종업원에게 묻는 느낌이죠? 하지만 현지 사람이나 거길 다녀온 친구에게 격식 차리지 않고 캐주얼하게 물어보고 싶을 땐, 오늘의 표현 'What's good here?'이 더 좋습니다.

고급진 해외여행 영어 2

바로 듣기

시럽 뺀 아이스커피
한 잔이요.

하루 한 잔 이상 아이스 아메리카노를 마시지 않으면 금단 현상을 느낄 정도인데요. 다음 달에 미국 여행 가는데, 아이스커피를 어떻게 주문해야 할지 모르겠어요. 아 참, 시럽은 빼야 해요~

'Can I get an iced coffee without syrup!' 이렇게 하면 어떨까?

그렇게 해도 돼요. 'Iced'라고 확실히 말한 거 맞죠? 한국에서는 'Ice coffee'라고 하지만, 꼭 'Iced'라고 해야 하는 거 잊지 마세요.

▶▶ 그래서, 타일러가 준비한 표현은?

128

One iced coffee,
no sugar, no syrup.

---

* 해석   설탕과 시럽 뺀 아이스커피 한 잔이요.

Check!

* One iced coffee 아이스커피 한 잔
* No sugar, no syrup 설탕과 시럽은 없어야 해요

타일러 Tip

하지만 미국 여행 가서 'No sugar, no syrup no cream'을 쓸
일이 없을 것 같아요. 미국에서는, 설탕이나 시럽이나 크림은 모두
따로 준비되어 있기 때문에 종업원이 넣어주지는 않으니까요.

129

고급진 해외여행 영어 3

바로 듣기

맡아 놓은 자리예요.

가족 여행 중 아빠가 다리 아파서 가족들 짐을 지키며 쉬고 있었는데, 외국인이 오더니 자리가 있냐고 묻는 것 같더래요. 그래서 'Yes!'라고 하니까, 냉큼 그 자리에 앉더라는 겁니다. 이럴 때, '자리 임자 있어요, 맡아 놓은 자리예요'를 어떻게 말하면 좋을까요?

미안한데, 여기 맡아 놓은 자리예요, 이런 느낌이잖아.
'Sorry, someone's here. It's taken.'

'Someone's here'만 빼면 팡파르 울려드릴게요.
완벽해요. 더 이상 제가 해줄 게 없어요.

▶▶ 그래서, 타일러가 준비한 표현은?

287

129

Sorry, it's taken.

* **해석**   미안한데, 맡아 놓은 자리예요.

* Sorry 미안해요
* It's taken(Take a seat에서 파생된 표현임) 자리 맡았어요

타일러 Tip

미드를 보면 바에서 작업을 걸어오는 사람에게 'I'm taken'
이라고 말하는 장면들이 있어요. '나 임자 있어요.
품절남(녀)이에요'라는 의미가 돼요.
식당 예약을 할 때, 내가 원하는 시간에 예약이 이미 잡혀 있으면
종업원이 'It's taken'이라고 할 거예요. '이미 차 있어요'라는
의미가 되겠죠.

고급진 해외여행 영어 4

바로 듣기

뒤에 성도 나오게,
사진 좀 찍어주세요.

셀카봉을 안 들고 해외여행을 갔는데, 너무 멋진 성이 있어서 성이랑 제가 나오게 사진을 찍고 싶더라고요. 지나가는 외국인에게 성이랑 제가 같이 나오게 사진 좀 찍어달라고 말하고 싶은데…… 어떻게 하면 좋을까요?

'사진 좀 찍어주세요는 'Could you take a picture?'라고 하면 되는데 뒤에 성이 나와야 하니까……. 'Could you take picture with the castle?'

'with castle'이라고 하면 사진을 찍어주는 그 사람과 성을 찍어달라는 거고, 'With me and the castle'이라고 하면 사진을 찍어주는 사람과 나랑 성을 찍어달라는 거예요.

▶▶ 그래서, 타일러가 준비한 표현은?

289

130

Can you take a picture of me and the castle?

---

* **해석**　　나와 성이 나오게 사진 좀 찍어주시겠어요?

Check!

* Can you take a picture 사진 좀 찍어주시겠어요?
* Of me and the castle 나와 성이 나오게

타일러 Tip

'with'와 'of'의 차이점을 확실히 알 수 있었죠. 만약, 'with'를 써서 사진 좀 찍어달라고 하면 상대는 자신에게 작업을 건다고 생각할 수 있어요. 주의하시구요.
그리고 한국인들은 사진 좀 찍어달라고 할 때 'Can you take a picture?'라고 하는데 이건 '사진 찍을 줄 아나요?'라는 느낌이 더 강해요. 뜻은 통하지만 자연스러운 미국식 영어는 아니죠. 그래서 'Can you take a picture of me?', 'Can you take my picture?' 이렇게 쓰는 게 좋아요.

고급진 해외여행 영어 5

이건 계산에서 빼주세요.

바로 듣기

해외여행에서 돌아오기 전에 남은 돈을 쓰려고 편의점에 갔는데요. 계산할 때 보니까 남은 돈보다 더 많은 돈을 썼더라고요. 갖고 있는 돈에 맞추기 위해 굳이 필요 없는 물건은 계산에서 빼달라고 하고 싶은데, 어떻게 하면 좋을까요?

나라면 이렇게 할 것 같아. 'Excuse me, except that one(실례지만, 저건 뺄게요)', 'Can you calculate except that one(계산에서 뺄 수 있나요)?'

우선, 'Can you~'로 시작하는 문장이 더 좋고요. 굳이 'calculate'를 쓰지 않아도 돼요. 대개 편의점에서는 사람이 직접 암산하지 않고 기계로 바코드를 찍어 계산하니까요.

그럼, 'Can you put it on expect that one?' 이렇게 하면 말이 안 되나?

좋은 시도예요. 그런데 'put it on'은 뭔가를 올리거나 입거나 붙이거나 추가하거나 하는 거라, 상대방이 많이 헷갈릴 것 같아요.

▶▶ 그래서, 타일러가 준비한 표현은?

Can you cancel this (one), please?

---

* **해석** 이거 좀 취소할 수 있나요?

* Can you~ ~할 수 있나요?
* Cancel 취소하다

타일러 Tip

이 표현을 말할 땐, 어느 아이템을 'cancel' 해달라는 건지, 정확하게 손으로 가리켜야 해요. 그렇지 않으면 전부 다 취소해버릴 수 있으니까요. 정확하게 뭘 취소할 건지 계산원에게 알려주는 게, 포인트겠죠?

고급진 해외여행 영어 6

바로 듣기

기내에 들고
가도 되나요?

돌아오는 공항에서 짐을 다 부치고 시간이 남아서 주변을 좀 돌아다녔어요. 근데 마음에 드는 기념품이 있어서 사려고 보니 병에 들어 있는 것이더라고요. 짐은 이미 부쳤는데 이걸 기내에 들고 가도 될까 고민이 되었어요. 어떻게 물어보면 좋을까요?

해외 다니면서 한 번도 이런 말은 안 써봤는데, 도전해볼게. 'Can I bring to airplane?'

잘 했어요. 근데 목적어가 없죠. 무엇을 들고 가도 되냐고 묻는 거죠?

Can I bring this airplane?

하하하. '이 비행기를 들고 가도 되나요?' 이렇게 묻는 거예요. 이젠 전치사가 없는 거죠?

▶▶ 그래서, 타일러가 준비한 표현은?

132

Can I take this on the plane?

* **해석**   이거 비행기 안에 가져가도 되나요?

* Can I take this? 이것을 가져가도 되나요?
* On the plane 비행기 안에

타일러
Tip

전치사를 적재적소에 잘 써야 한다는 걸 느꼈겠죠? 이동 수단을
'타는' 경우 보통 전치사 'on'을 쓰게 되어 있는데 이런 건 예외가
있어서 외우셔야 돼요. 'get on the bus', 'get on the train',
'get on the plane', 'get in the car' 이런 식으로 말이죠.
오늘 배운 'Can I take this on the plane?'과 비슷한 표현으로
'Can you pack this so I can take it on the plane?'도 쓸 수
있으니 기억해두세요.

133

고급진 해외여행 영어 7

바로 듣기

남은 건 포장해가도
될까요?

스페인 여행을 갔는데, 언제 또 올까 싶어서 현지 식사를 여러 가지 시켰거든요. 근데 욕심이 컸는지 다 못 먹겠더라고요. 남기고 가기엔 너무 아깝고, 다음 날 생각날 것 같아서 남은 거 포장 좀 해달라고 하고 싶은데…… 급하게 번역기를 찾아보니까, 'doggy bag'이란 단어가 나오더라고요. 어떻게 하면 될까요?

'doggy bag'이 남은 음식을 싸가는 봉지잖아요. 우리나라에서도 '남은 거 개 갖다주게 좀 싸주세요' 이러는데, 'Can I have a doggy bag?'이라고 해도 될까?

해도 되죠. 하지만 'doggy bag'은 저희 아버지가 많이 쓰는 표현이에요. 구식이라는 거죠.

그럼, 'Can I take out?'

매우 가까워요. 이런 식의 문장이면 돼요. 대신에 한국말을 좀 풀어서 생각해보세요. '이거 가져가도 되나요?' 이런 느낌이 되어야겠죠.

▶▶ 그래서, 타일러가 준비한 표현은?

295

133

Can I get this to go?

* **해석**   이거 가져갈 수 있을까요?

Check!

* Can I get this 이거 받을 수 있을까요?
* To go 가져가기 위해

타일러
Tip

오늘 표현은 음식을 시켜서 먹다가 다 못 먹어서 포장해가고
싶을 때 사용해요. 혹은 음식을 주문하고 기다리는데 점원이
'For here'라고 생각하는 것 같을 때, 이 말을 덧붙이면 포장해줄
거예요. 음식 포장할 때, 포장을 의미하는 'wrap'을 쓰면 안 되냐고
하는데, 'wrap'은 항상 쓸 수 있는 말이 아니에요. 'wrap'은
포장하는 방식 중 하나일 뿐이죠. 김밥처럼 말아서 포장할 때는
'wrap'을 쓸 수 있지만 봉투에 담을 때는 쓸 수 없기 때문에
일반적으로 포장해달라고 하고 싶을 때는 오늘 표현이 더 좋아요.

고급진 해외여행 영어 8

바로 듣기

자느라 못 먹었는데
기내식 지금 먹을 수 있나요?

외국 항공사 비행기를 타고 여행을 갔는데, 기내식 나올 때 그만 잠이 들었지 뭐예요. 깨어 나서는 못 먹은 기내식을 먹고 싶은데, 한국인 승무원은 아무리 찾아도 보이지 않고 기내식 달라는 말은 못하겠고…… 그냥 굶었네요. 너무 억울하고, 아쉬워요. 이럴 땐 뭐라고 하면 되나요?

 기내식이란 말을 따로 쓰려고 하면 안 될 것 같아. 그냥, 'I'm sorry, I sleep. Can I have a meal?'

 와우……. 정말 근접해요. 근데 구체적으로 잘못된 부분을 지적하면, 'sleep'의 시제를 바꾸고, 'a meal'에서 아무 식사가 아니라, '내 것'을 못 먹은 거니까 그 표현이 들어가야겠죠.

 'Sorry, I was sleeping. Can I have my meal?'

 정말 좋았어요. 팡파르 울려드릴게요.

▶▶ **그래서, 타일러가 준비한 표현은?**

297

134

Sorry, I was sleeping. Could I have my meal now?

* **해석**   미안한데, 제가 잠이 들었어요. 내 음식을 지금 가질 수 있을까요?(먹을 수 있을까요?)

* Sorry, I was sleeping 미안한데, 내가 잠이 들었어요.
* Could I have~ ~를 가질 수 있을까요?
* My meal 내 음식을

타일러 Tip

오늘 표현만 잘 외우면, 'meal' 자리에 어떤 단어든 넣어서 기내에서 충분히 쓸 수 있어요.
- Could I have some water now? 지금 물 좀 먹을 수 있을까요?
- Could I have a towel now? 지금 수건 좀 얻을 수 있을까요?

135

번거롭게 해서
미안한데…….

바로 듣기

해외 영업점에 종종 메일로 일을 전달하는데요. 할 말을 다 했다 생각했는데, 까먹고 전달하지 못한 게 있다는 걸 뒤늦게 알 때가 있어요. 한 번에 보낼 걸, 다시 또 얘기를 꺼내야 할 때 '번거롭게 해드려 죄송한데…….', 이렇게 말하잖아요. 영어에도 이런 말이 있을까요?

'I'm sorry, I don't want to interrupt you(방해해서 미안한데)…….'

'interrupt'는 상대방이 뭔가를 하고 있는 중에 내가 끼어들어서 미안하다는 의미예요. 근데 오늘 상황은 상대가 뭘 하는 중인지 모르니까 다른 쪽으로 표현해봐야겠죠.

'짜증나게 하다, 귀찮게 하다'라는 단어 'annoy'를 써서, 'Don't wanna annoy.'

'annoy'는 너무 강한 단어예요. 좀 더 간단하고, 재밌는 말이 있어요.

▶▶ **그래서, 타일러가 준비한 표현은?**

299

135

Hey, sorry to bug you but······.

* **해석** 귀찮게 해서 미안한데······.

Check!

* Sorry to bug you 당신에게 벌레처럼 굴어서 미안해요
* But 그런데

타일러 Tip

'bug'는 컴퓨터 바이러스를 말하기도 하면서, 모기 같은 작은 벌레, 즉 귀찮게 하는 존재를 말해요. 그래서 '귀찮게 해서 미안한데'라는 표현에 재밌게 쓸 수 있는 거죠. 그리고 오늘 표현 'Sorry to bug you but······'은 이메일에서 말할 때뿐만 아니라, 전화 통화를 할 때 더 많이 써요. 금방 전화로 업무 지시를 내렸는데 까먹은 게 있어서 다시 전화할 때, '귀찮게 해서 미안한데······' 이런 느낌인 거죠. 기억해두세요.

- 배꼽 빠지게 웃겨요.

- 왜 아직 안 자고 깨어 있나요?

- 편하게 둘러보세요.

- 그럼 나도 할래요.

- 곧 알게 되겠죠(김칫국 마시지 마세요).

- 귀에 딱지 앉겠어요.

- 여기 추천 메뉴가 뭔가요?

- 시럽 뺀 아이스커피 한 잔이요.

- 맡아 놓은 자리예요.

- 뒤에 성도 나오게, 사진 좀 찍어주세요.

- 이건 계산에서 빼주세요.

- 기내에 들고 가도 되나요?

- 남은 건 포장해가도 될까요?

- 자느라 못 먹었는데 기내식 지금 먹을 수 있나요?

- 번거롭게 해서 미안한데…….

- That's hilarious.

- Why are you still up?

- Feel free to have a look around.

- Well, in that case me too.

- We'll see.

- Ok, I get it. You don't need to talk my ears off about it.

- What's good here?

- One iced coffee, no sugar, no syrup.

- Sorry, it's taken.

- Can you take a picture of me and the castle?

- Can you cancel this (one), please?

- Can I take this on the plane?

- Can I get this to go?

- Sorry, I was sleeping. Could I have my meal now?

- Hey, sorry to bug you but…….

나 아직 죽지 않았어요!

바로 듣기

오랜만에 친구들 만나려고 한껏 꾸미고 있는데 남편이 왜 그렇게 꾸미냐고, 아줌마가 그럴 필요 있냐고 놀리는데 순간 '나 아직 죽지 않았어!'라고 버럭 화를 내게 되더라고요. 그런데, 영어에도 이런 표현이 있을까요?

 '죽지 않았어, 이건 나 아직 건재해!' 이런 의미니까, 'Still alive'를 쓰면 어떨까?

 'still'을 쓰는 건 좋은데, 'alive'는 말 그대로 '살아 있다'는 느낌이에요. 영어로 그렇게 말하면 뭔가 아직 건재하다는 의미보다 그냥 '아직 살고 있다'는 느낌인 거죠.

 그럼, 'I'm still young(나 여전히 어려).'

 나 아직 죽지 않았어, 이 말은 나이는 어리지 않아도 능력이 건재하다는 거니까 그쪽으로 생각해봤으면 좋겠네요.

 'I still can do everything.'

 정말 가까웠어요.

▶▶ **그래서, 타일러가 준비한 표현은?**

136

I've still got it.

* **해석**　나 아직 능력 있어요. 아직 할 수 있어요.

Check!

* I've still~ 난 여전히 ~하다
* Got it 그걸 얻을 수 있는

타일러 Tip

오늘 표현은 이럴 때 쓸 수 있어요. '나이에 안 맞게 옷이 짧은데?' '네 나이에 그런 화장법은 안 어울릴 것 같은데?' 이런 말을 들었을 때, 난 아직도 충분히 해낼 능력이 있다는 걸 강조하기 위해 'I've still got it'이라고 해주면 좋겠죠?

간절히 원하면,
어떤 것이든 할 수 있어요.

바로 듣기

초등학생 딸아이가, 영어 공부 열심히 해서 훌륭한 사람이 되고 싶대요. 그래서 저도 멋진 영어 표현으로 응원해주고 싶은데, '간절히 원하면 꿈은 이뤄질 거야' 이런 느낌의 격려의 말은 없을까요?

≪연금술사≫라는 책을 읽었는데, '당신이 무언가를 간절히 원하면 온 우주는 당신의 소망이 이뤄지도록 도와줍니다'라는 표현이 있었어. 'When you want something, all the universe conspires in helping you to achieve it.'

우와. 대박! 진짜 똑똑한 멘트예요. 좋아요. 근데 한국어로 치면 사자성어나 고사성어 같은 느낌이에요. 책에서 쓰이는 표현보다는 일상생활에서 쉽게 쓸 수 있는 표현이 좋지 않을까요?

쉽게? 그럼…… 'Dreams come true.'

하하. 손발이 오그라드는 표현이에요. 너무 연극적인 톤이에요.

▶▶ 그래서, 타일러가 준비한 표현은?

You can do anything you put your mind to.

* **해석** 마음을 기울이면, 어떤 것이든 할 수 있어요.

Check!

* You can do anything 당신은 어떤 것이든 할 수 있어요
* You put your mind to 너의 마음(정신)을 기울이면

타일러 Tip

다른 표현으로 격려하고 싶으면, 우리가 예전에 배웠던 'Nothing can stop her(아무도 그녀를 막을 수 없어)'를 조금 바꿔서 쓰면 돼요.

'Nothing can stop you'라고 하면, 당신을 말릴 수 있는 게 없다는 뜻이겠죠? 못할 이유가 없다는 거니까 좋은 격려예요. 한국에서 잘 알려진 'You can do it'이나 오늘의 표현 다음에 덧붙여 쓰면 더 좋고요.

이상형이 어떻게
되나요?

바로 듣기

주변에 참 괜찮은 외국인 동료가 있는데, 한국인 여자 친구를 소개해주고 싶더라고요. 근데
소개팅 주선할 때 우리는 보통 어떤 스타일을 좋아하는지 물어보잖아요. 외국인에게 이런
표현, 괜찮을까요?

이상형이란 표현인 'Mr. Right/Miss. Right'를 써서
'Can you tell me Mr. Right/Miss. Right?' 이렇게 하면
되지 않을까?

'Mr. Right/Miss. Right'는 나의 반쪽, 즉 천생연분을
말하는 거니까 특정적인 한 명을 말하는 거예요.
아내나 사귀고 있는 여자 친구를 가리키겠죠?
일반적으로 두루두루 설명할 수 있는 단어가 되어야 해요.

그럼, 'What is ideal type?'

좋아요. 굉장히 근접해요. 'type'이 좋습니다. 'What is'도
좋고요, 'ideal'만 과감히 버리면 돼요.

▶▶ 그래서, 타일러가 준비한 표현은?

307

What's your type?

* **해석** 　　당신 타입은 무엇인가요?

Check!

* What's **무엇인가요?**
* Your type **당신의 타입**

타일러 Tip

어떤 타입을 좋아하냐고 물었을 때, 한국에서는 키, 외모, 옷 입는 스타일 등등을 구체적으로 말하지만, 미국 사람들은 주로 이상형이 있어도 'I don't have a type'이라고 답할 거예요. 왜냐면 어떤 정해진 유형의 사람보다는 그 사람의 다양한 특징들의 조합에 초점을 맞추거든요. 그래서 이상형을 딱 집어서 얘기하는 대신에 그 사람이 무엇을 좋아하는지, 어떤 스타일, 어떤 성격을 좋아하는지 대해서 조금 더 구체적으로 물어보곤 해요.

이 엘리베이터는
홀수층만 운행합니다.

바로 듣기

저희 회사 엘리베이터는 짝수층과 홀수층으로 구분되어 운행하는데 외국인 손님들은 그걸
잘 모르는 것 같더라고요. 이럴 때, 어떻게 설명해주면 좋을까요?

 홀수는 'odd', 짝수는 'even'이니까 홀수층만 간다고
하려면, 'It's only for odd' 이렇게 하면 되지 않을까?

 'odd'가 형용사니까 뒤에 명사가 나와야겠죠.

 그럼, 'stair.' 아니다, 'floor.' 오케이, 다시 수정하면
'This elevator is only for odd floor.'

 매우 근접해요! 'This elevator is only for'라고 한
다음에 나오는 말을 조금 바꾸시면 돼요. 일단은 한 층만
가는 게 아니니까 'floor'보다 'floors'가 낫겠죠?

▶▶ 그래서, 타일러가 준비한 표현은?

309

139

This elevator is only for uneven numbered floors.

* **해석**   이 엘리베이터는 짝수가 아닌 층만 운행합니다.

Check!

* This elevator is~ 이 엘리베이터는 ~ 합니다
* Only for uneven numbered floors 짝수가 아닌 숫자의 층만을 위해

타일러 Tip

짝수층만 운행한다고 말할 때는 'This elevator is only for even numbered floors'라고 하면 되는데요. 중간에 'numbered'가 꼭 들어가는 게 중요해요. 왜냐면 그냥 'even floors'라고 하면 평평한 층을 간다고 이해를 할 수 있기 때문에 'numbered'라는 숫자 개념이 꼭 들어가야 하는 거죠.

140

입만 살았군요.

바로 듣기

중학생 아들이 다 컸다고, 꼬박꼬박 말대꾸를 합니다. 하라는 공부는 안 하면서 말로 저를 이겨먹으려고 하네요. '입만 살았네 입만 살았어!'라고 영어로 해주면 아들을 기선제압 할 수 있을 것 같은데⋯⋯ 도와줘요!

 내가 많이 들어본 말이야. 말만 하고 행동은 안 한다는 거니까, 'All talk but no action.'

 'all talk'란 표현이 너무 좋아요. 그리고 누가 'all talk'인지 생각해서 다시 한 번 시도해보세요.

 'You are all talk.'

 좋아요. 조금 더 강조하는 방법이 있지 않을까요? 그저 말밖에 할 줄 모른다는 뜻으로 'just'를 넣어보는 건 어때요?

▶▶ 그래서, 타일러가 준비한 표현은?

311

140

You're just all talk, aren't you?

---

* 해석　　당신은 그저 말만 잘해요, 그렇죠?

Check!

* You're just all talk 당신은 단지 말만 하네요
* Aren't you? 그렇죠?(끝을 내려줌)

타일러 Tip

앞에서 말했던 'All talk, no action'도 매우 좋은 표현이에요. 반장에 당선됐거나 선거에서 이긴 사람들이 공약을 지키지 않을 때, 혹은 같이 일하는 동료가 함께 일을 벌려보자고 제안해놓고 아무런 변화가 없을 때 쓰면 더 좋겠죠. 하지만 오늘 상황에서는 아이가 앞으로 행동에 어떤 변화를 줄 거라는 약속을 안 했기 때문에 'All talk'로 끝내는 게 좋습니다.

141

좋아 보여요.
잘 지내죠?

바로 듣기

예전에 알고 지낸 외국인 동료를 길가다 우연히 마주쳤는데요. 한동안 한국 문화와 음식에 적응을 못해서 힘들어하는 것 같더니, 오랜만에 보니까 얼굴 좋아졌더라고요. 그래서 보기 좋다고 말해주고 싶었는데…… 어떻게 하면 될까요?

 얼굴 좋아 보인다…… 'Wow, you look better.' 아니면, 'You look great, fantastic, gorgeous…….'

 모두 다 너무 좋지만, 'You look great'가 제일 좋네요.

 그럼, 'You look so much great. How have you been?'

 'much'만 빼면 완벽해요. 이렇게 써도 충분해요. 팡파르 울려드릴게요.

▶▶ 그래서, 타일러가 준비한 표현은?

313

141

Hey, you look good. What's new?

* **해석**   좋아 보여요. 잘 지내죠?

* You look good(great) 좋아 보여요
* What's new? 잘 지내죠?

타일러 Tip

좋아 보인다는 말 뒤에 어떻게 지내는지를 물어도 좋고 어떤 질문이든 와도 좋아요. 근데 영철형이 말한 'You look great!'는 특별한 행사나 모임에 한껏 꾸미고 왔을 때 쓰면 더 좋고요. 아니면 거의 몇 년 만에 본 친구에게 조금 오버해서 'You look great!'라고 강조해서 쓰면 더 좋겠죠. 'good'은 진짜 좋아 보이지 않아도 인사치레로 쓸 수 있고 가볍게 전할 수 있는 인사말이에요. 'great'와 'good'에는 미묘한 차이가 있답니다.

이거 몸에 좋은 거예요.

바로 듣기

외국인 바이어가 와서 삼계탕을 대접했는데요. 음식 설명을 해줘야 하는데, 몸이 건강해지는 보양식이라고 말해주고 싶더라고요. 어떻게 설명하면 좋을까요?

그럼 좀 어려운 단어이긴 한데 영어 공부할 때 배웠던, '몸이 다시 살아나고 원기를 회복하다'는 뜻의 'rejuvenate'를 쓰면 어떨까? It's wanna be rejuvenatic.'

우선 'rejuvenatic'은 없는 말이고 'to be'와 같이 썼을 때 'rejuvenating'으로 말해야 돼요. 예를 들어서, 'It's rejuvenating!'이라고 하면 되겠죠? 그런데 'rejuvenate'는 말 그대로 사람을 다시 젊게 한다는 뜻이라서 좀 과장된 느낌이 들어요.

그럼, 오늘은 욕심을 내서 한 번만 딱 더 해볼게. 'It's good for your health.'

너무 좋아요. 드디어 길을 찾으셨군요. 팡파르 울려드릴게요.

▶▶ **그래서, 타일러가 준비한 표현은?**

It's good for you.

*** 해석**   당신에게 좋은 거예요.

* It's good **좋아요**
* For you **당신에게**

영어에는 보양식이란 말이 없으니까, 최대한 음식에 대해 풀어서 설명하는 게 좋아요. '이건 몸에 좋고, 건강에 좋은 거예요' 이런 식으로 말이죠. 한국적인 표현이나 단어를 영어로 옮길 때는 굳이 어려운 말을 찾으려고 하지 말고, 풀어서 쉽게 쉽게 생각해보세요.

평소에나 잘해요.

바로 듣기

평소엔 집안일도 잘 안 도와주는 남편이 웬일로 청소도 하고, 아이도 봐줄 테니
친구 좀 만나고 오라더라고요. 알고 보니까, 동료들과 낚시 가려고 미리 수 쓰는 거였습니다.
그럴 때, '평소에나 좀 잘해!'라고 핀잔을 주잖아요. 이런 느낌의 영어 표현도 가능할까요?

'Do same as usual(평소처럼 똑같이 하세요)'
이건 어때?

'Do the same as usual!'이라고 하면 '하던 대로 하라'는
건데, 지금 상황에는 안 맞는 말이죠?

그럼, 'Keep it up(계속 그렇게 해)!' 또는 'Keep up the
good work(계속 열심히 해줘)'

방향이 좀 안 맞는 것 같네요. 사실 오늘 표현을 영어로
옮기기는 굉장히 어려웠어요. '평소에나 좀 잘해!'라는 건
뭘 얻기 위해서 잘하려고 하지 말고 그냥 평소에 잘하면
된다는 거지만 그 말의 핵심에는 나한테 왜 수는 썼느냐,
나한테 좀 잘해주라는 뜻도 있는 것 같아요. 저는 그 뜻을
솔직하게 말해버리는 게 좀 더 '미국스러운' 것 같아서 그
표현을 준비해왔어요.

▶▶ 그래서, 타일러가 준비한 표현은?

143

Treat me better.

---

* **해석**   내게 좀 더 잘해줘요.

Check!

* Treat me **나를 대해줘요**
* Better **더 잘**

타일러 Tip

평소에 잘하라는 말과는 좀 안 어울릴 수 있는 표현이지만, 오늘 사연의 상황에서는 이 말이 최선인 것 같아요. 평소에 잘하라는 건, 그동안 잘 못해주다 한 번 잘해주는 것 말고 늘 내게 더 잘해달라고 말하는 거죠. 오늘 표현을 좀 더 미국식으로 하고 싶다면, 'Come on. Treat me better'라고 하면 더 좋아요. 비슷한 표현으로, 'You can do better than that', 'Come on, get with it'도 있어요.

144

왕년에 제가…….

바로 듣기

저희 부장님은 '내가 왕년에 말이야~', '내가 한창 잘 나갔을 땐 말이야~' 이런 말을 너무 자주 써요. 부장님의 옛날 일이 궁금하지도 않은데, 그렇게 말문이 열리면 이야기가 끝날 줄 모른답니다. 그러다 생각해봤어요. '내가 왕년에 말이야……' 이런 말이 영어로도 있나요?

왕년에 잘나갔다는 거잖아. 그럴 때 쓰는 'big shot'이란 표현이 있더라고. 그걸 써서, 'I was big shot, when I was young.' 이건 어때?

'big shot'은 약간 부정적인 느낌이 나는 단어예요. 허풍, 허세, 이런 느낌인 거죠. 그런데 'when I was young'은 좋았어요! 그 부분을 조금 발전시키면 되겠어요.

▶▶ 그래서, 타일러가 준비한 표현은?

144

Back in the good old days······.

---

* 해석　　좋았던 옛날로 돌아가면······.

Check!

* Back **돌아가다**

* In the good old days **좋았던 옛날로**

타일러 Tip

한국어도 '왕년에 내가 말이야······'라고 말을 먼저 시작하는 것처럼 영어도 'Back in the good old days' 뒤에 다른 문장을 붙이면 돼요. 그리고 일반적으로, 옛날 일을 떠올린다는 건 현재의 상황이 좋지 않다는 뉘앙스라 '옛날에는 좋았는데 지금은 아니다'라는 식의 비교하는 말이 많이 오는 편이에요.

신의 한 수예요.

바로 듣기

'신의 한 수'라는 말이 있잖아요. 외국인 동료를 저의 단골 식당에 데려갔는데
이 집은 밑반찬으로 나오는 갓김치가 '신의 한 수'라고 설명해주고 싶더라고요.
바둑에서 나온 말이라고 들었는데, 영어에도 비슷한 느낌의 표현이 있을까요?

오늘 표현은 너무 어려운 것 같아. 영어에는 이런 표현이
없지?

어려웠어요. 미국 사람들은 바둑을 잘 안 두니까. 그래서
체스에 비유해볼까 생각했는데, 안 되겠더라고요. 솔직히
정답이 있다면…… 이 표현은 안 쓰는 게 제일 좋아요. 잘
안 쓰는 말이니까.

그래도 시도는 해봐야 하니까, 'It's good timing. It's
God timing.' 이건 어때?

좋아요. 너무 좋아요. 제가 준비한 표현도 매우 비슷해요.

▶▶ **그래서, 타일러가 준비한 표현은?**

321

145

God's graces.

* **해석**　신의 은혜예요.

Check!

* Grace 은혜

타일러
Tip

오늘 표현은 완성된 문장이 아니기 때문에 감탄사로 쓰면 더
좋아요. 갓김치가 너무 맛있을 때, 'God's graces!' 안 되던 일이
잘될 때, 'God's graces!' 이런 식으로 말이죠.
하지만 일반적으로 쓰는 표현은 아니니까 안 쓰는 게 제일 좋고,
꼭 써야 할 땐 상황을 잘 따져봐야 해요. 일이 굉장히 잘되면, 착한
톤으로 'In God's graces'라고 하면 되는데, 안 좋은 상황에서는
이 표현의 억양을 조금 바꿔서 쓰거든요. 예를 들어, 되는 일이
하나도 없을 때 놀란 듯한 톤으로 'What in God's graces(신의
의도는 뭘까)?', 이렇게 푸념하는 거니까 아무래도 억양에 신경
써야겠죠.

146

달걀은 완숙으로 해주세요.

바로 듣기

해외여행 갔다가 호텔 조식을 먹으러 갔는데 그곳에서는 달걀을 즉석에서 직접 요리를 해 주더라고요. 근데, 저는 달걀을 완전히 익힌 완숙 프라이를 좋아하는데 반숙으로 해주기에 완숙으로 해달라고 하고 싶었지만…… 그냥 주는 대로 먹었네요. 달걀 조리법 좀 알려주세요!!

내가 달걀을 너무 좋아해서 이 표현은 알아. 해외여행 가서도 자주 써먹은 표현이지. 'Excuse me, can I have a over easy?'

근데 지금 영철이형이 한 말은 '달걀프라이 한 번만 살짝 뒤집어주시겠어요?' 이 말이에요. 즉, 반숙된 걸 달라고 한 거죠.

그럼, 'Over difficult?'

'difficult' 말고 다른 단어가 있잖아요.

▶▶ 그래서, 타일러가 준비한 표현은?

Could I get an egg, over hard?

---

* **해석** 달걀 프라이 완숙으로 된 거 주실래요?

Check!

* Could I get an egg 달걀 하나 먹을 수 있을까요?
* Over hard 완전히 다 익혀 뒤집다(참고, over easy 간단히 뒤집다)

타일러 Tip

<다양한 달걀 요리 표현>

Some scrambled eggs (Egg는 꼭 복수형이어야 함)	스크램블
A soft boiled egg	삶았는데 반숙인 달걀
A hard boiled egg	삶았는데 완숙인 달걀
One egg, sunny side up	후라이인데 안 뒤집어서 노른자가 완전히 익지 않은 상태.
Poached	에그베네딕트를 주문할 때 나오는 반숙 달걀
Over easy	over는 sunny side up과 달리 양쪽 다 뒤집어서 굽는 건데 'easy'는 노른자가 덜 익은 상태
Over hard	양쪽 다 굽고, 노른자가 완전히 익은 상태

거스름돈을 덜 받았어요.

바로 듣기

배낭여행 중 돈도 아낄 겸 역에서 파는 샌드위치를 사먹었는데요. 먹다가 생각해보니 거스름돈 1유로를 덜 받았더라고요. 이럴 거면 좀 더 비싼 거 사먹었지 싶어서 가게로 달려가 'Give me one euro more!'를 외쳤지만…… 외면당하고 말았네요. 거스름돈을 덜 받았다는 건 어떻게 표현하면 좋을까요?

해외에서 나도 몸소 겪은 일이 있어. 4달러를 거슬러 받을 일이 있었는데, 'Four dollar please!' 이렇게 하면 이상하잖아요. 그래서 이랬어. 'You should pay 4 dollars!'

여러 가지 상황이 있을 수 있으니까 그냥 '거스름돈을 덜 받았다!', '아직 못 받았다!' 이런 의미의 표현을 찾아야겠죠.

그럼 'Can I have my money back?' 이건 어때?

이렇게 쓰면, 아예 거래를 취소하겠으니 돈을 다 돌려달라는 말이라서 '제품이 마음에 안 들어 반품하겠다'라고 들릴 거예요.

▶▶ 그래서, 타일러가 준비한 표현은?

You didn't give me all my change.

---

* **해석**   잔돈을 다 안 돌려줬어요.

Check!

* You didn't give me 나에게 주지 않았습니다
* All my change 나의 모든 잔돈을

타일러 Tip

영철형이 한 표현도 나쁘진 않았지만, 다짜고짜 '1유로 더 주세요'라고 하기보다는 오늘 표현을 먼저 말하고 뒤에 덧붙이면 더 좋겠죠. 'You didn't give me all my change. Can I have one euro back(거스름돈을 덜 줬어요. 1유로로 돌려주세요).' 이렇게 되면 완벽한 문장이 되겠죠?

음식은 짜지 않게 해주세요.

바로 듣기

부모님이 미국 여행을 가는데 아버지가 입맛이 까다로운 편이에요. 특히, 짠 음식을 싫어하는데 아버지 때문에 엄마가 고생할 것 같아서 엄마를 대신해 배워두고 싶네요. 음식 주문하기 전에 '짜지 않게 해주세요!'라고 미리 요청하고 싶은데, 어떻게 말하면 될까요?

 나도 아무거나 잘 먹으니까 안 써본 표현인데, 이렇게 하면 어떨까? 'I think this food is so salty.'

 좋은데, 이것보다 더 짧게 할 수 있어요.

 그럼, 'No salt.'

 예의를 차려야 하니까, 뒤에 'please'를 붙이면 더 좋겠죠?

▶▶ 그래서, 타일러가 준비한 표현은?

327

No salt, please.
(or Can you make it without salt, please?)

---

* **해석**   소금을 빼고 만들어줄 수 있나요?

Check!

* Can you make it? 만들어줄 수 있나요?
* Without salt 소금 없이

타일러 Tip

'No salt'라고 하면, 소금을 아예 빼라는 거 아니냐고 묻는 분들이 많은데요. 음식이 짠 정도는 너무 주관적이어서 짜게 하지 말라고 요구했다간 식당 주인이 아마 당신이 주방에 들어와서 직접 만들어보라고 할 수도 있어요. 안 짠 음식을 먹고 싶으면, 소금을 덜 넣거나 아예 넣지 말라고 하는 게 문화적으로 맞는 표현이에요. 보통 미국 식당에서는 이미 준비된 재료로 음식을 만드는데, 거기서 소금을 뺄 수는 없으니 조리하면서 추가로 더 뿌리지 말라는 의미로 'No salt'라고 하는 거예요.

한국에 왔으면 당연히 떡볶이를 먹어야죠.

바로 듣기

어학연수 갔다가 만난 친구가 한국에 한 달 일정으로 어학당 수업을 듣는대요. 친구와 뭘 하면 좋을까 이야기를 나누며 무엇을 해보았는지 물었는데 의외로 못한 게 많더라고요. '야, 한국에 왔으면 떡볶이를 먹어봐야지!' 이런 말을 해주고 싶었는데 어떻게 하면 될까요?

'You come to Korea, You should naturally eat 떡볶이.'

'한국에 왔으면!' 이 부분을 다시 한 번 생각해볼까요?

그럼 'If you're now in Korea, you should naturally eat 떡볶이.'

잘했어요. 팡파르 울려드릴게요.

▶▶ 그래서, 타일러가 준비한 표현은?

329

149

If you're in Korea you should try Tteokbokki.

---

* **해석**   한국에 왔다면, 떡볶이를 시도해봐야죠.

Check!

* If you're in Korea 만약 한국에 왔다면
* You should try 떡볶이 먹는 걸 시도하다

타일러 Tip

오늘 문장만 잘 기억해두면 어떤 장소든, 뭘 하든, 다 넣어볼 수 있어요.

- If you're in Korea you should use Kakaotalk. 한국에 왔으면 카카오톡을 사용해봐야지.
- If you're in the U.S.A you should eat pancakes. 미국에 왔으면 팬케이크를 먹어봐야지.

만지지 말고 눈으로만 봐주세요.

바로 듣기

아들과 지역의 박물관에 다녀왔는데요. 규모가 크지 않다 보니, 손님도 많이 없고, 영어 안내판이 별로 없더라고요. 근데 한 외국인이 잘 모르고 유물을 만지려고 해서 저도 모르게 'Don't touch!' 이렇게 외쳤는데, 너무 무례한 게 아니었나 두고두고 미안하더라고요. 눈으로만 봐달라는 말, 어떻게 하면 될까요?

박물관에서뿐만 아니라 백화점이나 옷가게에서도 쓸 수 있잖아. 'Excuse me, do not touch, just look!' 이렇게 하면 어떨까?

너무 좋아요. 근데 순서만 좀 바꿔보면 어떨까요?

▶▶ 그래서, 타일러가 준비한 표현은?

331

150

Excuse me. Please, just look, don't touch.

* **해석**   보기만 해주세요. 만지진 말고.

Check!

* Please just look 보기만 해주세요
* Don't touch 만지지 마세요

타일러 Tip

박물관이나 전시회에 가면 '눈으로만 보세요'라는 한글 푯말 밑에 이상하게 번역된 영어가 많이 적혀 있어요. 특히, 'No touch!'가 많은데, 이 표현은 잘못된 거니까 꼭 'Don't touch'라고 해야 합니다.

- 나 아직 죽지 않았어요!

- 간절히 원하면, 어떤 것이든 할 수 있어요.

- 이상형이 어떻게 되나요?

- 이 엘리베이터는 홀수층만 운행합니다.

- 입만 살았군요.

- 좋아 보여요. 잘 지내죠?

- 이거 몸에 좋은 거예요.

- 평소에나 잘해요.

- 왕년에 제가…….

- 신의 한 수예요.

- 달걀은 완숙으로 해주세요.

- 거스름돈을 덜 받았어요.

- 음식은 짜지 않게 해주세요.

- 한국에 왔으면 당연히 떡볶이를 먹어야죠.

- 만지지 말고 눈으로만 봐주세요.

- I've still got it.

- You can do anything you put your mind to.

- What's your type?

- This elevator is only for uneven numbered floors.

- You're just all talk, aren't you?

- Hey, you look good. What's new?

- It's good for you.

- Treat me better.

- Back in the good old days…….

- God's graces.

- Could I get an egg, over hard?

- You didn't give me all my change.

- No salt, please.
  (or Can you make it without salt, please?)

- If you're in Korea you should try Tteokbokki.

- Excuse me. Please, just look, don't touch.

하루 5분 국민 영어과외
김영철·타일러의 진짜 미국식 영어 1

초판 1쇄 발행 2017년 12월 8일 **초판 43쇄 발행** 2024년 7월 1일

지은이 김영철, 타일러 **자료정리** 김수연
펴낸이 최순영

출판2 본부장 박태근
W&G 팀장 류혜정
디자인·일러스트 this-cover.com

펴낸곳 ㈜위즈덤하우스 **출판등록** 2000년 5월 23일 제13-1071호
주소 서울특별시 마포구 양화로 19 합정오피스빌딩 17층
전화 02) 2179-5600 **홈페이지** www.wisdomhouse.co.kr

ISBN 979-11-6220-151-0 13740